AF366252

La première Edition de ce Roman
est de Paris in 4.° Gothique à ce qu'
dit la Bibliothèque de ce Roman.
J'en ay une 2.de de Lyon 1522,
aussy Gothique. Ce petit Roman
est assez rare. les M.M. en vers
en sont très precieux, ceux en
prose sont plus communs.

L'Histoire du noble, & vaillant Roy, Florimont fils du noble Mataquas duc d'Albanie.

xvii. F.

A ROVEN.

On les vend à Rouen, par Nicolas Mulot, Libraire demeurant à la ruë Escuyere, à l'enseigne du nom de Iesus.

Salut.

Ourtant que les cœurs humains, & en mesmemēt des nobles, souuent prēnent delectation à l'ire, & ouyr racompter histoires dignes de nó mettre en oubliance, il est licite de par escript rediger comment en proesses, & faits cheualeureux vn hôme peut faire de luy souuenir. Et pource qu'au nombre des vaillans se trouue du preux Roy Florimont vne ancienne hystoire, rien ne contenant qui soit aliené de verité, C'est bien raison quelle paruiéne à la cognoissance des nobles afin que tous ou aucuns en remembrant les vertueux faits anciens puissent los, honneur, & vertu acquerir. Et veu qu'il est difficile sçauoir à quelle fin pretend œuure quelconque sans experimenter quel est le commencement est necessaire premier cognoistre la source que la fin de ceste histoire. En laquelle ià sache que de plusieurs vaillans soit fait mention : mesmement comme se sont maintenus enuers amours, cheualerie, courtoisie, & autres aduentures plus conuenables à gentillesse que autre estat. Touteſfois le Roy Florimont à si bien fait que seroit plus que trop mal cogneu si ses proesses n'estoyent par dessus toutes en histoire magnifique compilees, car si vne personne ensuyt ou les vices ou les vertus, volontiers on luy fait honneur selon qu'il applique só esprit. Parquoy si Florimór estre nommé luy conuient, celuy seroit de mauuaise vie, & malicieux courage qui ce voudroit occuper, veu qu'il est certain les croniqueurs, & historiens n'auoir rien composé que premier ne regardassent si leurs escripts conuiendroient aux gestes des vaillans princes. Entre lesquels les vertus de l'excellent Roy Florimont ont eu tel splendeur que la lumiere phœbeique peut entre les estoilles obtenir.

Elle vraye & ancienne hystoire racomte: que la florissante ville de Romme devant sa reedification faicte par Romulus & Remus : fut appellee. Palentee, de laquelle comme fortune luy favorisa Romulus fut Empereur, & la fit nommer Romme, & depuis iusques à present autre nom na retenu. Et pourtant que de la mort de Remus qui fut trois ans apres la construction dicelle Romme, selon plusieurs diversité est escripte, d'en parler ne seroit convenable au traicté de ceste hystoire, laquelle fut trouvee à Phelipope ville grecque, & apportee en France par un homme de tel souvenir que sa memoire toutes autres passoit. Et en lyonnois comme vertu l'enhortoit la convertit de Grec en latin, & de latin en François, nous donnant entendre selon la verité, que devant l'edification d'icelle Romme faicte par les deux vaillans freres dessusditz. En grece eust un roy qui en noblesse, sapience & maniere de vivre selon la loy chrestienne estoit si estimé, que soubz le firmament n'estoit trouvé son semblable. Cestuy Roy dont nous parlons s'appelloit Philippes Macenius, qui combien qu'il fut né de Babilone d'une noble Dame dont sera faict mention cy apres, si fut il roy d'une terre à laquelle son nom fut attribué & où il regna long temps florissant en honneurs. Apres la mort du grand roy Alexandre, celle terre Macedoyne fut appellee, qui estoit pour lors l'un des quatre principaux royaumes du monde, mais apres que ledict Phelippes eust par fortune enduré les passages de mort ignomynieuse, les Rommains reduyrent celuy Royaume de Macedoyne en province seulement, qui est bien à noter que quant le peuple pert un bon seigneur son renom vient souventesfois en decadence, mais pour venir à la matiere que ce doit traicter cy apres. Vray est que en Grece deux sœurs furent nées, qui des dons de nature avoyent suffisamment dont laisnée fut femme à bruthus, duquel Bretaigne porte le nom. Qui se voyant recepvoir nul profit de la terre d'elle se mist en effect de la destruire, & du tout par guerre mettre à neant, mais ce faict n'eust tant en luy de hardyesse que plus y osast remanoir. Parquoy luy accompagné de Corineus emmena icelle dame en terres loingtaines tant qu'en fin arriuerent en vne ysle de gens habitee, ou depuis vesquirent tant que le vouloir du createur voulut leur faire sentir les extremitez de la vie. La ieune eftât de grace infpiree, & ayant plus de confiance au confeil de fes amys que à nulz autres ne voulut fon pays delaiffer, ainçois tant y feiourna que aage competent de mariage fouuent admonnefte par la deeffe vnus luy faifoit fentir les efguillons d'amours, mais gueres ne fut en telle ardeur fans eftre menee en Egypte, ou fut mariee au preux admiral & Roy de Babilone Madian le courtois. Pendant lequel mariage icelle dame ne reffembloit plufieurs femmes de maintenant, qui font de telle malicieufe fedition & quafi d'art diabolique, qu'en peu de temps ils deuorent les biens par leurs maris conqueftez, car par elle fut fon mary efleué en triumphant honneur, & roy de Grece loingtain pays de Babilone. Et pource qu'on ne peut aller en Grece fans paffer les voyes marines, les plus feures gallees ne font pas trop conuenables pour tel chemin accomplir, mais qui voudroit coftoyer les mers tempeftueufes, on trouueroit plus longue voye par le pais de Nubie, Rouffie, & Antioche, iufques au bras fainct George ou la mer fine, & de la peut on aller en Grece feurement. Ce nôobftant qui feroit en vne cité nommee Gallipol : on pourroit fans beaucoup trauailler faire voyage d'Egypte en Grece trois fois le iour par ce que la mer y retrainct fa l'argeur.

Comment Madian Roy de Babilone pendant fon mariage eut deux vaillans fils de fa femme. Et comment auant fa mort il les couronna Roy de fes poffeffions.

Adian comme preud'homme fe maintint mout honorablement auec fa femme, qui de fa part n'en fit pas moins, car leurs cœurs furent fi bien en vn côuertis par bon amour, que tandis qu'ils furent enfemble la femence de leur nature voulut fi bien operer qu'ils eurent deux enfans mafles, dont l'aifné fut nômé Selec, & le moyen Philippes. Le Roy ioyeux de ce que Dieu luy donnoit hoirs, pour fucceder apres fa mort aux couronnes royalles & biens temporels qu'il poffedoit. Le iour de leur natiuité faifoit fi folennelle fefte, que plante de Barons & Cheualiers ne failloyent leur y trouuer. Ces deux enfans furent nourris non feulement de naturelle, mais de fpirituelles nourriture, car tant creurent en legereté de corps, force de courage, & habondance de vertus qu'ils vindrent en aage competente pour receuoir l'ordre de cheualerie laquelle leur fut donnee par leur pere, qui pource voir manda tous les nobles de fa terre, aufquels il departit de fes richeffes afin que mieux peuffent entretenir eftat cheualeureux, mais apres que Madian eut vefcu maint iours en honneurs & proüeffes maladie le vint affaillir iufques à la mort, par laquelle toutes chofes prennent fin. Or luy fut par fes gens confeillé qu'il diftribuaft fes poffeffions à chacun de fes enfans ce qu'il fit, & à Selec le plus aifné donna les feigneuries d'Egypte, Nubie, & Babilone. Philippes fut courôné roy de la terre grecale, & auec ce confiderant le pere que c'eftoit eftrange pays luy donna grands trefors, afin que fe aucuns luy faifoyent guerre il peut leuer gês d'armes pour fe deffendre contre fes ennemys. La mort du vaillant prince fut fi plouree par fes deux fils & ceux de la contree, que fi vn cœur plus dur que pierre eut en la con-

gnoiffance de leurs l'amétations il eut efté impoffible que fes yeux ne fuffent de l'armes arroufez, mais pource que amour fraternel auoit lieu auec eux comme raifon l'ordônoit, fe reconforterent felon leur infortune Ce neantmoins ne furent gueres que nouuelle douleur fit Selec oublier fi peu de foulas qu'il auoit, car fon frere Philippes, & fes compagnons fift appareiller de tous biens conuenables à corporelle vie: afin que neceffité ne les tourmentaft leur en allant en grece.

Selec voyant que fon frere s'en veut aller, tel dueil en print que long temps la parolle perdit, laquelle quâd eut recouuerte, doucement l'araifonna fur fon departement, car il craignoit luy auoir faict mefchef. Et la chofe dôt plus il le requift, ce fut qu'il voufit auec luy remanoir, & que de Nubie, Egypte ou Babilone Seigneur le feroit, mais aucunement à ce Philippes ne voulut entendre: finon qu'il refpondit auoir en courage le tenir à toufiours comme fon feigneur à caufe de fon aifneeffe.

Ce dict replicqua Selec tant dolent que rién plus, & luy paya qu'en Grece fuffent Seigneurs ordonnez qui maintiendroyent les honneurs, & luy refcriroyêt fouuent comment le tout fe por-

teroit. Frere dist Philippes pour
parolles que sachez dire demourer ne me conuient, Mais si de
moy auez besoing en le me faisant sçauoir par le plus moyen
de vos messagers, tant comme
i'auray le pouuoir ie vous seray
en ayde. A tant les deux freres se
trouuerent si dolens que leurs
cœurs furent estrains par griefue
douleur si que tous ceux qui les
voyoient estoyent en pleurs có-
uertits par pitié.

Es deux fre-
res & vail-
lans cham-
pions Selec
& Philip-
pes faisoyẽt
leurs dou-
leurs en da-
mieté la ci-
té en laquelle auoit vn seigneur
appellé Meleons qui fut de
grand valeur, sage & moult ho-
noré, cil Meleons vint saluer
Philippes, puis dist que deux enfans masles auoit ausquels si nature auoit donné courtoysie,
beauté & legereté de corps, si
n'auoit elle oublié les instruyre
en faicts d'armes & cheualeureux
estat.

A tant luy pria vouloir emmener D'amyans, qui estoit le
plus ieune & le mieux expert en
bataille, paix, tort, ou droicture
congnoistre que son aisné frere Philippes ne fut ingrat luy
rendre grace, puis print D'amiás
par la main & le retint de son
hostel.

Elyadas qui estoit le fils aisné
de ce fut si marry que comme
forcené saillit sus & vint yteu-
sement parler à son pere disant
que plus cher aymoit aller en
grece que estre retenu en la maison pour riens faire sinon despé-
dre comme vne beste brute. Et
pource dist il que la nature des
peres & meres est de plus aymer
leur petit enfant que deux des
autres quant ils sont grans, vous
pourrez faire seigneur D'amians
de vostre terre, & moy des à
present deuant tous vous clame
quitte de ce que m'en peut appartenir.

Frere respond Damians ce que mon pere ma dōné ie luy quite. Et pource d'en parler ce seroit plus pour follie acquerir que pris, & honneur. Lors d'amians deuant le Roy sagenouilla requerant de luy receuoir son hō-mage. Mais voyant ce Elyedas le veut oster, & par grand yre qui sur luy dominoit l'eust des poings si bien feru si les barons ne l'eussent retint. Le pere qui la estoit fut si enuenimé contre elyedas de ce qu'il contredisoit à ses ordonnances que si les barons n'eussent esté absens ne se fust tenu sans le frapper. Or en fin de conte se t'eust elyedas, & deuant tout le bernage le Roy retint l'hommage de d'amians, puis le dressa, & gracieusement le baisa disant, amy pourtāt que tu laisse pour moy tō pays, ie te donne en ma court telle senes-challerie que ceux que tu ayme-ras de moy ne seront hays, & ce que seruiras le garderay, & s'il qui par toy ayme ne sera, ie ne me mettray en effect de luy faire honneur ne seruice. Ces parolles finees les mariniers mirent voil-les en ordre pour les nefs au vēt, & Philippes print congé de la cheualerie qui le conuoya ius-ques au bord de l'eaue, mais Se-lec d'amour fraternel embrasé entre tous estoit le plus pres, car tel departement luy estoit si grief que mieux eust aymé estre attaint de mort que de perdre la veuē de son frere. Et d'autāt qu'ō luy faisoit remonstrance n'estre si grand compagnie qu'vne foys ne se peparte, tant plus on ac-croissoit ses douleurs, Si que telle fut l'aduenture qu'en don-nant les derniers saluts, & acol-lees il cheut pasmé entre les bras de sō frere, en sorte que ce n'eust esté la compagnie qui luy secou-rust il estoit en danger deplus ne viure, mais en fin print quelque peu de vigueur: & depuis vesquīt longuement, qui ne fut sans pé-ser à son frere tous les iours plus de cent foys.

Comment Philippes fut en danger d'e-stre pery sur la mer, Et des aduen-tures qu'il eut apres que se trouua sur terre, & comment il mist le lyon à mort qui le pays degastoit.

L'Histoire racomte que par trois iours, & trois nuicts le temps se tint coy, & l'air fut si serain que à voille desployee long chemin firent Philippes, & ses gens. Mais fortune qui en tous lieux vse de dominance, & fait ce qu'il luy plaist, ne voulut souffrir que plus nageassent sans auoir empeschement, parquoy et que

fit que subitemét vint vn orage si
terrible sur la mer, qu'il sembloit les quatre elemens auoir
guerre l'vn contre l'autre, Et telle fut la tempeste que les douze
nefz se separerent, en sorte qu'ils
n'auoyent esperance de iamais
eux reuoir. Le roy fut quatorze
iours sur mer, & au quinziesme
sembatit au port de Enedon la
cité, ou se trouua garny de sept
nauires seulement. Et les cinq
n'estoyent arriuees, chacun pensoit qu'elles fussent perdués.
Toutesfois trois iours ensuyuát
heure de vespre prindrent terre,
dont le roy fut si ioyeux que
gueres ne seiourna qu'en bref
temps eut habondance en la cité
de pain, vin & autres richesses,
pour substanter les corps humains. Illec Philippes s'arresta
l'espace d'vn moys, pour soy ra-
freschir & faire ses cheuaux amé-
der, puis par le conseil de ses a-
mys partit de Enedon, auec grát
route de cheualiers, pour cheuaucher par maintes iournees en
visitant les citez & chasteaux,
dont le pays estoit peuplé. Et
tant fit qu'il sembatit vers Hongrie, ou ietta sa veué en vne
plaine qui estoit grande de trois
iournees, sans y auoir autre chose que pasture & apparence de
manoirs. De ce le Roy tant s'es-
merueilla qu'il ne se peut tenir
sans demander à ses gens, pour

qu'elle cause ceste terre estoit
desertee. A ce vn paysant respondit, que oncques hommes n'y
fut ne n'y vit qui peust sçauoir ce
que racompter luy veut. Sire
dist le paysant, en tout le monde n'a si belle forest que celle
que voyez cy endroict. Et l'appellent les habitans de ce pays
la forest au lyon, par ce que illec
vn lyon prent sa demouráce des
long temps, & y à le peuple deuoré, & de iour en iour deffait,
en sorte que se l'on n'y remedie
toutes choses d'icy enuiron sont
en danger de mort. Et qui pis est
il à le regard si espouuétable, &
le courage si orgueilleux que
cent cheualiers ne luy sçauroyét
faire perdre sa proye, ne pour
eux aucunement n'en prendroit
destour, Et aupres de celle pra-
rie est vne fontaine dont l'eau est
belle & clere, ou se tient con-
tinuellement l'orgueilleuse beste fors quand il va proye querir.
Quand le Roy entend ceste pa-
roile, il tint le peuple de ceste
terre à fol, d'auoir souffert que
vn lyon l'ait mise à neant. Et iu-
ra que si ainsi est que bataille
n'ayt esté liuree iamais ne man-
gera qu'il ne soit mort, ou le
Lyon sera vaincu.

Car si tousiours il luy faisoit
guerre, son pays ne seroit pas
en paix. Lors commanda le Roy
à d'Amyan le seneschal que son

cheual fuſt mis à point, & ſes armures apportées : car vouloit faire diligence de mettre afin ce qu'il entreprenoit. De ce commandement fut le ſeneſchal ſi eſperdu que tenir ne ſe peat de pleurer, puis diſt. Sire de faire combat au lion ſauuage il vous en pourroit mal venir : & ſe de vous n'auez hoir pour ſucceder à voſtre Royaume. Et tel de preſent voſtre amy qui ſe conuertiroit en inimitié contre nous, ou par enuie qui ſouuent met diſcention entre les humains, ſe feroit dur côbat entre vos cheualiers pour obtenir la ſeigneurie. A ceſte cauſe ie vous prie m'octroyer la bataille, car ſe le lyon meết à mort mon cheual, & moy, ains trouuerez ſeneſchal en voſtre court que la ſeigneurie n'aura Roy recouuert. De ce Philippes fut mal côtent, car luy ſembla que d'Amy ans le priſoit peu, veu qu'il le vouloit diuertir de ſon entreprinſe. Et dérechef fiſt commandement que tous harnoys cheualeureux fuſſent appareillez pour l'en armer. Entre ſes armures: l'eſcu eſtoit d'vne eſtofe dos d'olifant, fabricqué par ſi ſubtil art, que oncques ne vid on le pareil.

Et quand il fut armé, ſon courage creut, tellement que luy fut aduis ſur le dos n'auoir au-cun harnois, & bien le moſtra quất ſans mettre pied à l'e trier, ſaut ſur ſon palefroy, qui fut vne choſe bien monſtrant que ſon courage n'eſtoit autre ſinon que d'acquerir honneur, & los.

Et afin que l'honneur ou vitupere à luy ſeul demouraſt ; fit crier en ſon oſt que ſergent ne cheualier fiſt effort luy faire ayde en ceſte bataille ſur peine de perdre la vie, ou eſtre exilé hors du pays comme ennemy de la couronne.

Ce cry fait qui peu reſiouyt la cheualerie, le Roy print congé des barous. Et menant ſon cheual aſſez ſouefuément cheuaucha tant de vers la foreſt, ſi qu'en peu d'heure il approcha la fontaine, & le pré, ou ceſtuy lyon ſe deduyſoit, prenant ioye de voir le prince, car bien penſoit en ſon felonneux courage, que le Roy, & ſon cheual ſeruiroyết pour eſtancher famine, qui le tourmentoit pource que le iour n'auoit mangé, mais fortune qui ſouuent premier donne ioye que douleur, deuant que l'eſchoc commencaſt ne voulut faire cognoiſtre au Lyon du meſchef qui luy aduint.

Le Roy conduit d'vn courage vaillant, en luy meſme penſa que peu luy tourneroit à honneur ſi moyennant ſon deſtrier le Lyon ſurmontoit, pourquoy mist pied à terre, & à l'ost le renuoya. Voyant la felonneuse beste qu'on luy tolloit le destrier que ià tenoit pour sien, comme ire pourpensa la vengeance contre le vassal.

Lors à grands saulx, les crins esleuez sur le col & gueulle ouuerte plus ardante que feu, vint vers le Roy qui de ce ne fut esperdu: ainçois l'attend sans faire recullee: si que quand il vid son point ietta tel coup despieu encontre le Lyon que le fer luy mist au costé dextre sans iamais le pouuoir retirer.

Quant le lyon vid le sang vermeil yssir de son corps, sa fureur creut, & comme forcené donna tel secousse contre l'escu du cheualier, que quinze boucles luy rompit, mais cela luy à esté si cher vendu par l'espee du Roy qui ne s'est sceu si bien garder, que l'aureille ne luy ayt coupee iusques à la chair vermeille.

De celle naureure print le lyó grant tristesse, car bien pensa malheur luy courir sus. Et pour euiter la mort: se leua sur les pieds de derriere, & de ceux de deuant descendit vn horion si merueilleux contre l'escu que Philippes le lascha, & ne se peut guarantir d'estre blessé.

Tous ceux de l'ost penserent que ce coup le Roy fust abatu ou nauré de mort.

Et bien leur tournoit à grand dueil que ne l'osoient secourir.

Ce nonobstant commencerent à crier en grec langage. (Offendem zeloz Saluatuto Vassileo.)

Qui est à dire en françois. Dieu bon seigneur garde l'Empereur d'incôuenient iusques à tant que le roy fut en tel vigueur reuenu, que peu eust resisté contre luy l'orgueilleuse beste, s'il l'eust voulu prendre en desarroy: mais tant dura la meslee qu'en fin le Lyon grand & fort fut mort par sa follie car le Roy luy couppa la iambe, puis leua son espee en haut, & à la descendre & le fendit iusques à la ceruelle, tant que il en mourut. Ainsi va-il de plusieurs qui sur autruy vont mal pensant, & eux mesmes sont les premiers deceuz, & cuydans auoir tout, le tout perdent, comme fit le Lyon qui bien pensoit deuorer le prince, & son cheual, mais en fin luy est aduenu côme vous auez ouy. La bataille finee ioye, & douleur fut parmy l'ost, ioye de la mort du Lyon, douleur de la naureure du prince, vers lequel d'Amian vint esmeu de pitié, & d'amour, pour sçauoir comment luy estoit, afin que pouruéance fust faicte pour sa santé recouurir.

Le Roy faignant fa bleſſure n'eſtre grande , d'icy ne ſe voulut partir quelle ne fuſt ſanee.

A tant fiſt apporter tentes, & pauillons, qui furent par ſes gẽs leuez dedás la prairie , puis vindrent chirurgiens qui l'ont ſi biẽ medeciné qu'en trois ſepmaines ou vn moys luy donnerent telle force, que rire, esbanoyer , & cheuaucher pouuoit ſeurement. Philippes ſe voyant en ſanté manda les barons , auſquels fiſt remonſtrance que ce pays ſeroit fertile , & fructueux s'il eſtoit habité de gens, & que deſir l'admonneſtoit faire baſtir vne cité, ou il auoit le lyon vaincu. Car ne pouuoit croire fors que par le dieu ſouuerain eſtoit determiné qu'en ceſte terre arriuaſt pour reſtaurer, & mettre le pays en honneur. Les barons à ce furent d'accord puis des premiers auec maſſons, charpẽtiers, & autres gens firent ſi bonne diligence de la beſongne commẽcer, qu'en bref temps la cité fut reſtauree, peuplee de gens , & nommée Phelipope ſituee pres d'vn fleuue ſelon les Grecs appelle Podamen.

R pourtant que bon conſeil aſſez toſt fait à ſon prince grand profit. Les cheualiers ſe mirẽt d'vn vouloir pour aller vers le prince, qui maintenoit ſoubs ſa puiſſance ſi grand pays que ennuyé ſeroit le deſcrire. Ceux ont eſleu le plus aymé de luy , pour premier faire ſa harangue, auecques remonſtrance que dommage ſeroit ſi tel ſeigneur paſſoit ſõ temps ſans hoir delaiſſer , qui peuſt apres ſa mort traicter le pays en paix. Comme ils l'eurent entreprins enſemble vindrent en la cité , ou le ſeneſchal d'Amyens pour les autres parla, & diſt. Roy ſi voulez entendre, ie vous feray certain de la cauſe qui nous tient en diſcord. A laquelle nul ne peut remedier fors la voſtre ſeigneurie. C'eſt que maintenant pouuez auoir remembrance , comment voſtre pere fut ieune damoyſeau, plain de vertus faiſant grand cheualerie par le monde, mais en fin mort la ſeparé de ceſte vie humaine. En laquelle n'eſt aucun ayant par eſcript ce qu'il y doit viure ne durer. Et ià ſache que viendra la ſaiſon au partement de vous, & vos barõs ſera fait maintenant, toutesfois qu'eſtes maintenu en ſanté pouuez euiter les malheurs qui apres voſtre treſpas mettroyent les nobles du pays en diſſention. Et pour ce faire rien ne vous eſt plus conuenable que l'eſtat de mariage, car ſi mourez ſans auoir heritier, la terre qui eſt haut eſleuee en paix, ſera toſt par guerre mis au bas. Or prenez conſeil pour reſpondre a la ſeigneurie, de laquelle ſi voulez bien auoir eſt beſoing faire vne partie de ſa volonté. Et ſi voulez à mariage condeſcendre. Amordaille ieune pucelle fille de Meneus Roy de Cecille, & Barbarie viét bien à point pour eſtre voſtre eſpouſe, ſi vne fois à ſon pere la requerez. Le Roy mout bien eſcouta ces parolles, puis diſt que ſon vouloir eſtoit faire le bon plaiſir à la cheualerie, laquelle mena telle ioye de celle reſponce que toſt fiſt eſlire vingt les plus courtois, & ſages cheualiers pour enuoyer la dame querre. Adonc ſe mirent ſur mer, & tant nagerent qui ſôt abordez en Cecille, ou trouuerent Meneus, lequel quant eurent ſalué ne firent grande demourance, ſans luy demander ſa fille. Meneus fut ſi ioyeux de ce qu'il auoit alliance auec Philippes qu'il ne voulut contredire à la requeſte des amballadeurs, auſquels liura ſa fille pour mener à leur ſeigneur, qui la receut honorablement comme il peut

appartenir à fille de Roy. Puis ſans longuement tarder l'eſpouſa. Et telle fut amour naturelle entre eux que la dame fut enceinte des attouchemens qu'ils eurent enſemble la premiere nuiſt de leurs nopces. Les neuf moys accomplis, Dieu permiſt quelle conceut vne fille qui ſur les fons Romanadaple fut appellee. Celle pucelle fut ſi tendrement nourrie, mout honoree, & ſi bien ſeruie quelle creut en toutes vertus : car afin que mieux fuſt cognoiſſant en eſtat de viure quant elle eut cinq ans paſſez, vne maiſtreſſe luy fut quiſe, qui eſtoit en tous ars ſi abondante qu'elle l'enſeigna de bien reſpondre, eſcouter, & en autres ſciences que damoiſelle doit ſçauoir. La pucelle l'iſant en pluſieurs rommans trouuoit diuerſes ſentences : Entre leſquelles tant luy plaiſoyent celles d'amours que tout ſon temps y conſommoit pour en cognoiſtre la ſignifiance, mais telle leſture à ſon pere ne plaiſoit grandement, combien qu'il penſoit en ſoy meſmes que ſi aymer elle vouloit, à peine l'on en pourroit garder. A tant manda la maiſtreſſe qui portoit nom de Cypriane pour luy faire commandement, que toutes perſonnes venans à ſa court n'euſſent la veuë de ſa fille.

Car pour ſa beauté tel pauure
vaſſal aymer la voudroit qu'elle
en ſeroit toute ioyeuſe, ce qu'il
luy tourneroit à deſplaiſir, veu
que d'elle vn prince ſe tiendroit
à content. Cypriane voulant ſa-
tisfaire au commandement du
Roy tint ſa diſciple de plus court
qu'elle n'auoit accouſtumé, Laquelle choſe eſtoit aſſez conuenable à raiſó, pource que amours
non enſuyuant doctrine ſouuent
n'a cure de ſon pareil.

*Comment le roy de Hongrie manda
fierement à Philippes qu'il allaſt luy
faire hommage de ſa terre, ou autrement la pilleroit, & de Romanadaple feroit à ſon plaiſir.*

Pres que la pucelle
fut encloſe, plu-
ſieurs cheualiers fu-
rent eſprins de dou-
leur, mais le Roy
pour touſiours ſa court enttete-
nir courtoyſement fiſt ſçauoir
par tout ſó royaume qui voudra
ſa fille voir, elle à trois ans le
conuient ſeruir, puis en fin de
terme la dame verroit, & d'elle
receueroit aucun baiſer. Ces
nouuelles dictes par la contree
Roys, Contes, barons & Ducz
d'eſtranges terres venoyent à la
Dame ſeruir pour y conquerre

honneur. Et c'il qui la voyoit e-
ſtoit autant priſé que s'il eut ac-
quis deux chaſteaux, ou d'vn ſeul
coup de lance douze cheualiers
vaincuz. De ceſte dame ne faut à
demander combien eſtoit grande la renommee dont le pere en
auoit reſiouy ſſáce ſans congnoi-
ſtre l'ennuy que fortune qui par
tout eſcoute & ne dit mot luy
preparoit. Car candobras roy de
Hongrie homme cruel & plain
d'iniquité fut aduerty de la pucelle, parquoy gueres ne fut ſans
eſtre nauré iuſques au cœur d'vn
malicieux deſir qui luy fit penſer
ſe le roy Philippe pouuoit conquerre de ſa fille feroit à ſó plaiſir. Et volontiers ſe fut mis en effort de incontinent eſleuer guerre ſe n'euſt eſté cóſideration qui
l'aduertit: comment les princes
ne doibuent riens faire ſans conſeil, pour ceſte cauſe fiſt appeller
quatre les plus vaillans de ſes
contes, auſquels il commanda
d'aller à Philipope vers le Roy
ſignifier qu'il vint à luy pour ſa
terre faire hommage & que ſa fille prendroit à mólier, ſi qu'en
bref ſeroit de cinq royaumee dame couronnee. Et ſi ainſi eſtoit
qu'il ne vouſiſt faire ſon mandement leur enchagea le deſfier tát
que enuers luy aucun mercy ne
trouueroit.

A tant ſe partirent les quatre
Contes accompagnez de vingt

Nobles cheualiers qui tous cheuaucherent si legerement qu'en
vnze iours sont arriuez à Philipope, ou premier qu'ils y fissent
entree pour mieux pourucoir à
leur message establirent que Me-
leaus parleroit pour chacun, car
il congnoissoit le pays, & assez
estoit expert en langue Grecque.
Puis s'en allerent au palais, ou
trouuerent le roy auec ses barõs
prenans deduict voir vn Lyon
yré contre vn siepard. Meleans
en grec le prince salua Caluueta
vassileo. Et le roy dist Certis ca-
lo. Tout ce veut dire en françois
bon iour ayez. Et celle responce
qui leur fist, bien soyez venu.
A tant commença Meleans à parler. Sire le Roy Candobras ne te
donne salut, ains te mande que
tu voises à luy seruir ou de ton
royaume faire hommage. En outre le faict sçauoir que se tu le
recongnois à seigneur. L'amour
de luy enuers ta fille sera cause
qu'il la prendra pour s'amolier.
Par tant pense que respondras à
ce que par nous nostre prince te
mande & pource que de deux cõ-
seils on doit tousiours le meilleur eslire. Ie te veux bien aduertir se ta fille prent en mariage
ton pais sera des biens trop ha-
bondant. Car paix y dominera
Ou si tu ne veux condescendre à
son mandat. Il nous à dõné charge dire que de present il te pre-

pare guerre & viendra denant
quatre moys accomplis en ceste
contree, dont iamais n'yra qu'il
ne t'ait pris ou mort, & de ta fille faict à sa volonté, Quand les
embassadeurs eurent faict leur
harengue le Roy les enuoya prédre leur repos.

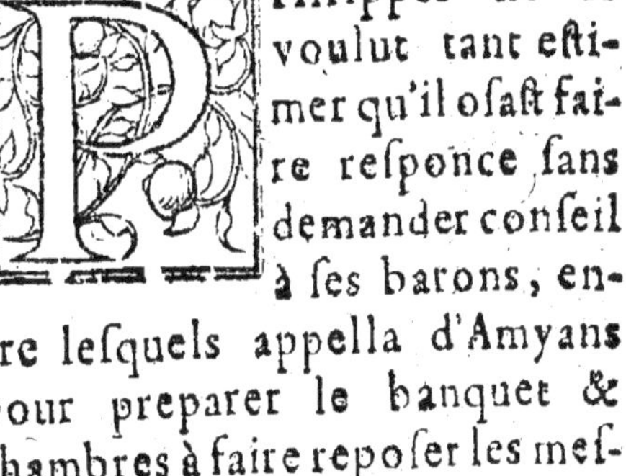

Hilippes ne se
voulut tant esti-
mer qu'il osast fai-
re responce sans
demander conseil
à ses barons, en-
tre lesquels appella d'Amyans
pour preparer le banquet &
chambres à faire reposer les messagers candobras qui de ce mestier auoyent.

Car las estoyent de cheuaucher, à tant ne se passa la nuict
sans que le roy print l'oppinion
des cheualiers qui furét en diuers
accords pour conseiller de c'est
affaire, mais en fin la sentence du

Seneschal fut exploictee , car bien pensoit que ne seroit honneur si son prince faisoit hommage de sa terre sans coup ferir ou perdre de ses gens. Et pour esleuer guerre ou du moins se tenir sur leurs gardes dist. Sire si mandez à vos amys le roy D'esclauonnie, Mataquas d'albanye & en la terre rommaine qu'on vous face secours, ie croy qu'il n'est homme viuant qui vous osast assaillir & qui plus à ce vous doit esmouuoir, vostre court est garnie de barons florissans en estat cheualeureux qui ne vous faudront au besoing. A tāt le parler fut laissé & se retira le Roy en sa chambrette accompagné des cheualiers que plus aymoit, ou illec fit lettres escrire, & de cire seeller pour mander à Candobras. Et en ce faisant telle fut aduenture que sommeil le vint saisir si qu'il luy conuint prendre repos, mais en son premier dormir luy vint en vision son pere qui mort estoit tenant vne espee en son poing & mout fierement l'araisonnant Philippes es tu mort ou vif, leue toy, car ie suis ton pere madien qui te aduertis ma terre iamais n'auoir eu Seigneur, fors dieu Roy du ciel & createur de tout le monde. Garde de faire chose qui te porte preiudice. Tu sçais que mieux vaut remanoir à hōneur qu'estre

subiect au roy de Hongrie lequel tune dois craindre, car vn pa. ure homme assez de haute lignee aymera tant ton heritage qu'en ta court croistra par largesse, & fera que sa prouesse aura suffisance de compagnons pour faire de Candobras telle vengeance, que aux champs par armes le rendra vaincu, puis le prendra & par le poing en ta court le conduyra, pour en faire ainsi que le voudras ordonner. A celuy homme sera fleur de cheualerie entre les viuans pourras ta fille espouser. Et seront le temps aduenir ses bontez si congneuës que tō parler ne m'est possible , pource qu'en aller me conuient. De ceste vision le Roy se fut plus grādement esmerueillé ce n'eust esté le iour qui commençoit à surmonter les tenebres de la nuict & chacun se leua pour accompagner le prince qui fut ateurné de sumptueux vestemens, puis s'en alla les contes saluer qui vouloyent sçauoir de luy ce qu'il mādoit à leur seigneur. Adonc leur respondit le roy n'auoir en pensee faire hommage de sa terre à Candobras ne sa fille luy bailler pour espouse, car trop la demādoit par orgueil. Les messagers prenoyent grand desplaisir s'il falloit que les cheualiers Philippes endurassent mort pour ceste besongne veu qu'il les auoit

trouuez

trouuez si vertueux en toutes
choses que beaucoup estoyent à
loüer. A tant prindrent congé &
humblement graces rendirent
de l'honneur qu'on leur auoit
faict, puis cheuaucherent hastiuement par estranges contrees
tant qu'il sont arriuez à Mariona
ou Candobras les attendoit. Lesquels quant ils eurent salué, il
leur demanda se le roy Philippes
feroit de gré tout ce que mandé
luy auoit. Sire dist Meleans en
rien ne se voulut accorder, ainçois il vous doubte si petit qu'il
à tenu pour follye vostre mandat. Et si voulez paruenir à vostre atttente il vous est besoing
vser de paix, d'amour & non de
guerre. Candobras fut de ces parolles si forcené que s'il osé eut
feru Meleans, mais en celant sa
felonnye soudainement leua
grant ost, qu'il emmena en grece, ou sans cause commença prédre villes & chasteaux, & cruellement faire guerre, si que plusieurs cheualiers n'eurent aucun
mercy de luy, Mais à tant se taist
l'histoire à parler de luy pour
sçauoir quel fut Florimont &
les proüesses qu'il fist en sa vie.

Florimont.

OUr delaisser le parle-
ment du Roy Philip-
pes & de Candobras
iusques à vn autre lieu.
Il est licite donner à cognoistre
pour mieux l'histoire entendre,
que Florimont fut fils de Mataquas sire de Duras & duc d'albanie, qui eust à femme Edozie fille de Fragus Roy de Perse, &
niepce Medon prince d'esclauö-
nie. Cestuy Mataquas apres ses
espousailles l'emmena en vn chasteau assez pres de Duras, ou
quant on estoit aux fenestres facillement on auoit cognoissance
iusques à cent lieuës des nauires
qui nageoyent sur la mer. Icy
coucherent ensemble par long
temps, tant qu'en la Edozie qui
vaut en françois Fleurie conçeut
vn fils, Mais la nuict qu'il fut en-
gendré fut assailly de grand merueille qui fort le resiouyssoit,
Car il vit par vision que aupres
de luy vn petit lyon au lict gisoit
lequel d'antant qu'il regardoit,
tant plus luy monstroit signe d'a-
mour. Cestuy lyon comme luy
fut aduis vsoit des termes de ieunesse, qui est de telle condition
qu'elle n'a cure de tousiours en
vn lieu remanoir, car il visitoit
le bas & le haut du palais puis
s'en alloit vers le bocage, ou
trouuoit de sauuages bestes. Entre lesquelles s'accompagnoit
d'vn grand lyon, & luy faisoit

C

telle feste que volontiers s'il eut
parlé, se fuft offert faire tout fon
plaifir. Apres s'en retournoit arriere prenant fon chemin vers
Duras, dont en dormant s'esba-
hiffoit à merueilles, car oncques
veu n'auoit lyon qui euft telle
vertu. Encores luy fut aduis que
dur combat le lyoncel mettoit à
la mort, puis apres vn fanglier.

Et de ce Mataquas en print fi
grand reffouyffance qu'en la fin
il s'efueilla puis n'a voulu celer
celle vifion à la duchelle qui
n'en fift autre iugement fors que
le createur leur donneroit vn
hoir qui gouuerneroit le pays
en leurs ennemys furmontant.
Le matin Mataquas alla en vn
Eglife pour faire fes oraifons, &
prier que Dieu leur vouffst enuoyer hoir tel comme ils defi-
roient.

A tant s'en retourna en fa maifon ou il y auoit vn maiftre en
toutes fciences fi excellent qu'ô
ne trouuoit point fon meilleur.
Car facillemét iugeoit des chofes paffees, & futures. Le Roy le
print par la main, & tout ce fait
luy racompta pour le mettre par
efcript , & pénfant fçauoir ce
qu'il en pourroit aduenir. Mais
rien n'en fçeut fors qu'il auroit
vn fils lequel apres fa naiffance
faudroit tenir par bonne garde.

Car en fon viuant bonne , &
malle fortune fur luy domine.

roit. La dame les neuf moys accomplis fut de l'enfant de iuree
que l'on appella Eleenos felon
les grecs, qui fignifie Florimont
en françoys. C'eft enfant fut té-
drement nourry fi qu'en brefs
iours fçeut parolles entendre.
Lors Mataquas luy donna maiftre Flocard fon gouuerneur
pour l'inftruyre en eftat vertueux , & tant bien l'endoctrina
touchant fciences literalles que
meftier ne luy fuft de plus eftu-
dier. Mais l'art de bien cheuaucher deftriers, porter armes , &
de lances roydemét ferir luy fut
fi grant foalas qu'en peu de téps
en fçeut plus que nul autre. Et
afin que fes vertus fuffent à efti-
mer entre les humains, le Roy
luy confeilla boire du laict de
largeffe paffant toutes chofes en
douceur. Car par elle pourroit
de tous eftre loué & l'amour acquerir. Pere dift Florimont c'il
eft pour fol tenu qui fa vergongne void, & ne la veut fuyr. Parquoy tant que feray viuant ar-
dente conuoitife n'aura vers
moy recueil. Ains par largeffe
feray proeffe enluminer.

Arganeus fut du ligna-ge aux Iayans, qui durant sa vie vesquit plus en tristesse que soulas.

Car par vsage chacun vouloit auoir truage de sa terre, mais ce n'estoit du tout cause de ses douleurs. Ainçoys fut vn monstre ayant teste d'vn liepart orgueilleux.

Corps de grue par l'air vollât: & stature si espouuentable que peu de gens ne l'oseroyent regarder.

Cestuy monstre se hebergeoit en hermye pres la terre d'Albanye ou chacun iour Garganeus tribut luy rendoit d'vn homme ou d'vn mouton. Et quand il estoit en ce deffaillant le monstre felonneux dix ou vingt hômes estrangloit. Tant dura ceste aduéture que Hermye fut de creatures depeuplee, mais de ce cô me Dieu le voulut nouuelles vindrent iusques à Florimont qui sans demeure pourpensa luy liurer la bataille, disant que trop auoit mangé de menu peuple sâs taster du goust que portoit chair cheualeureuse.

Et n'eust autre intention, que d'estre le premier noble deuoré ou la beste mettroit à outrance.

Quand Flocard cognent la volonté du iouuenceau, il eut ses yeux de larmes arrousez, s'il n'eust sçeu que mal n'en aduiendroit, mais le pere craignant perdre son fils luy donnoit entendre que cent coups de d'ard ne suffiroient pas pour occire le monstre, car puis qu'il se sentoit frappé s'en voloit à la mer baigner pour sa santé recouurir.

Toutes ces parolles ne peurét Florimont retenir de son entreprinse. Ainçois fist responce qu'il se mettroit en aduéture de mort pour les chetifs de la contree deliurer. A tant fist appeller son maistre, auquel commanda que sans demeure luy fist preparer vn escu englué auec cornes couuertes de broches picquantes, & de trenchans rasouers, aussi qu'il fust si subtillement fabricqué, que par dedans peust voir aller & venir. Flocard fist diligence de recouurer armes telles qu'il demandoit, & pour plus tost les depescher mist quarante ouuriers en la besongne, qui sans repos firent qu'en vnze iours le tout fut mis à point. Le Duc, & sa femme voyans leur fils sur son departement furent si esprins de douleur, qu'en leurs cœurs ioye ne reposoit.

Et chacun deux deuant qu'il eust le heaume lacé, luy donna des baisers plus de cent.

Auſſi Mataquas voyant l'eſpee de Florimont auoir peu de bonté luy feigniſt celle qu'il auoit mieux s'en ayder, & deffendre s'il en eſtoit beſoing, puis luy demanda s'il meneroit vn deſtrier pour luy feruir à ſe deffendre. Pere diſt il en c'eſt affaire ne m'eſt conuenable, pourtant que ſi par fortune ſoubs luy me renuerſoit grãd deſplaiſir me couroit ſus. La dame de ceſte parolle renforça ſon deſconfort, car luy fut aduis que ſans cheual Florimõt ne pourroit mort eſchapper. Adonc le damoyſeau fut par ſon maiſtre atourné de bõs harnoys, puis print congé de toute la baronnie à laquelle fiſt defence ſur peine de perdre los, & honneur que nul n'allaſt vers le monſtre s'il n'oyoit ſonner vn petit cor qu'il auoit à ſon col pendu. Et quant on luy eut la voye monſtree qu'il deuoit tenir, tant bien ſi conduyſit que point ne s'eſgara, ains en peu d'heure arriua pres du monſtre, qui giſoit en la foſſe affamé plus qu'vn loup rauiſſant. Et tant de luy Florimont s'approcha que de le voir eut grand merueille, car en nul iour ne encontree ou il fuſt oncques n'auoit veu beſte pareille.

Toutesfois luy vint à penſee, pource qu'il auoit aeſles que ce fuſt vn oyſeau ſauuage ſortant de la foreſt.

Le monſtre cuydant prendre le cheualier en d ſatroy ſe baiſſa contre la terre, mais Florimõt qui ſe tapiſſoit en vn eſpinoy l'eſcria ſi haut que bien fut de la beſte ouy. Et tant qu'il cogneut que c'eſtoit homme qui luy venoit pour eſtancher la faim, laquelle le fiſt par grand vertu yſſir hors de ſa toſſe : qui fut à la malheur, car Florimont ſon eſpieu eſlongea ſi à point que le fer, & fuſt luy plongea dedans le corps, & tellement le naura que vne autre beſte de ce coup euſt perdu la vie. Le monſtre voyant le ſang yſſir de ſon corps pour duremẽt ſe venger vint embraſſer le iouuenceau, & le porta en l'air plus haut d'vne toiſe, mais les trenchans raſoüers, & broches picquantes tant le greuerent qu'il n'en peut venir à chef, ains le laiſſa cheoir ſur le ſablõ, puis s'en vola baigner en la mer pour ſes playes reconforter.

Florimont à grand peine ſe releua pour ſes armeures qui luy nuyſoient. Et quant il vid ſon ennemy ſauué, diſt à ſoy meſmes qu'en vain ſe combattoit, puis que pour naurer ne le pouuoit occire. Et quaſi delibera iamais ne luy liurer bataille ſi ce danger pouuoit eſchapper de mort, mais hardieſſe qui touſiours dõne vigueur à cœurs vail-

Ians le fist penser que longuemét
ne pouuoit estre sans que l'vn ou
deux ne fust à outrance mis, parquoy meslee recommenca si vi-
uement que celle beste eut tel
eschoc au costé que l'espieu e-
stincela. Et Florimont sur escu
receût vn horion si merueilleux
que deux des l'ames, & quatre
rasouers en furent abatus, mais
de ce ne print esbahyssement:
ains tira son espee, dont parmy
la teste si durement toucha qu'à
terre le fist agenoiller. Cestuy
monstre de ce coup estoit nauré
à mort, ce ne fust la mer ou il
s'alla plonger pour manger, &
prendre repos, car ià estoit sus
la vespree. Quant Florimont se
vid seul au champ, & pensa que
trop mal luy viendroit si derechef failloit qu'il combatist sans
prendre quelque peu de soulas.

A tant mont se mist à cheminer
par la prairie, & aller vers vn
mont hors de la cité, ou le Duc,
& la duchesse, & bourgeoys e-
stoyent faisans dueil de ce qui
n'auoyent ouy sonner le cor,
mais tant approcha que Mataquas premier le vid, & tous
coururent le saluer, puis le me-
nerent au palais ou son pere l'interrogua si le monstre estoit
mort ou vif. Certes pere dist
Florimont vers moy en riens ne
s'est espargné, mais cuyde bien
que l'eusse par deux foys tenu vn

pour recreant, se ne fust la mer
ou de présent il se repose

*Comment Florimont le l'endemain
retourna batailler, & vainquit le
monstre. Et comment vne pucelle le
vint visiter qui luy donna vn anneau, & vne espee pour luy seruir en
toutes ses aduentures.*

Elle nuiét que Flori-
mont se reposa só pe-
re le pensoit diuertir
de plus ne retourner
mais dit que iamais n'auroit ioye
qu'il n'eust le monstre vaincu ou
luy destranché par l'opins. A tât
se dormit, & le matin print vne
faux auec nouuelles armeures,
puis s'en alla dròit à la fosse, ou
malgré que la beste voulist se
leuer luy conuint. Et pource que
nouuelle chose sonnét requiert
estre essayee Florimont voulut
essayer ses armeures. Et tellemét
s'en sceut ayder qu'il naura le
monstre d'vn pied parfond dedans le corps. Et de coup fut
tant ennymé que si peu doubta
les rasouers qu'il vint de ses ongles si rudement contre le gros
de l'escu qu'en deux parties le fit
voler, & au descendre Florimót
en la cuysse le naura.

La blesseure du monstre n'e-
stoit si incurable, que s'il eut peu
gaigner la mer facilement eust

fanté recouuert, mais comme il
prenoit vollee, le iouuencel de
grand roydeur sa faux luy lança
& l'attaint en lesse, si qu'il luy
trencha la chair & os. Adonc
Florimont print reconfort puis
que tous deux estoyent sembla-
bles en blesseure, Car le monstre
mont grand d'estresse auoit, &
comme forcené n'ayant plus es-
poir de viure cuyda des ongles
attirer soubs luy le damoyseau
qui se sceut si bié garder que par
legereté de corps arriere se lança & sans demeure tira son espee,
dont il toucha le monstre de tel
eschoc qu'il le rendit mort en la
place. Adonc se d'esarma pour
sonner le cor cóme il auoit pro-
mis, mais auant par les champs
regarda, & vit que vne pucelle
seulle montée sur vn palefroy,
ayant à l'arson vne espee vers
luy cheuauchoit de randon. Laquelle humblement luy donna
salut, & en luy rendant s'amye
l'appella, dont se tenoit pour a-
uoir faict follye, veu que encores n'estoit cheualier. Amy dist
la pucelle vous auez vostre ennemy mort, par qui autresfois
mon pere Serourge & ma mere
furét occis. Et pource que ar soir
il se gisoit en ma terre de l'isle celee moult dolent, ie m'apensay
que cy endroict sa douleur auoit
prins commencement, parquoy
fils par mes gés preparer vne gal-

lee pour passer mer & vous venir donner conseil qui fort luy
sera contraire, car s'autrement
n'est atourné malheur en luy re-
prendra force, si qu'il fera du mal
plus que iamais. C'est que les os
& la chair que voyez repren-
dront par chaleur comme s'ils e-
stoyent en amours, & de ceux
vne figure concepuroit qui tant
croistroit en force que trois fois
plus seroit à craindre que le mó-
stre ne fut en sa vie, pource vous
donne c'est anneau & ceste espee
de laquelle separerez le monstre
en mille pars : car de bon riens
ne possede, fors vn petit de lart
à l'entour de son cœur dequoy
vos playes oindrez, pui tantost
serez guery, & le reste bien le
gardez : car viendra le téps qu'il
vous fera seruice.

Ont bien se trouua
le damoyseau d'a-
uoir faict ce que la
pucelle luy cóseilla
laquelle le fit cer-
tain que dame estoit de l'isle celee, disant que pour luy auoit

passé la mer & s'il vouloir aller
en son pays pource que nul hoir
y auoit, elle le prendroit à mary
Florimont sur ce pensa grandement, puis respond que volontiers yroit Mais ses parens de
dueil feroit mourir. Lors gent
emmy la place chassé d'amours
& de pitié. Pitié luy conseille ne
laisser ses pere & mere. Venus
l'embrasse d'estincelle d'amours
luy dônant à entendre que contre elle vertu n'a point de force,
& que maintenant se doibt tenir
pour heureux d'auoir trouué la
plus belle du monde. La damoyselle le voyant si pensif biê sçeut
qui en estoit la cause, si ne se tint
luy dire. Amy i'ay de vous si grât
pi ié que par amours voulât que
auec moy veniez: ie feray tous
tes vouloirs si que de mes gens
& moy pourrez ayde recouurir,
mais d'vne chose vous veux prier
que de vostre part nostre amour
soit cellee, car se vne fois en e-
stoit cognoissâce à tousiours me
auriez perduë. Et afin que nul de
mes gens ouy ce que voulôs faire & parler, les ay laissez en ce
bocage ou ils m'attendent en la
galle, car qui amours veut longuement garder, tenir se doit de
parler follemen, or Florimont
combien que amours soit vne
fontaine ayant eauê saine & plaine de douceur on la peut toutesfois si troubler par trop parlant
que les deduitcs sont surmontez
de dueil. Pourtant pensez faire
vostre plaisir, puis que sommes
seulets. A ces parolles respond
Florimont, damoyselle quant
ioye d'amours est au cœur plan-
tee, & assise tant croist au corps
quelle est ramee, & le rameau
par tout s'espend si que la fleur
n'en peut estre distincte ne la fô-
taine troublee fors par malle
bouche des amans ennemie, damoyseau dist la pucelle mout
cognoissez du fait d'amours par
escript, mais ie sçay pour certain
qu'au monde vrays amoureux
doyuent auoir humilité, largesse de bel accointement, & prendre secrettemét soulas pour cel
le fleur en vigueur maintenir, &
celuy qui autrement se maintiét
est gouuerneur d'amour truan-
de en laquelle qui plus y donne
plus en à la seigneurie. Mais
loyal amy n'a mestier de tel glai-
ue pour son amour separer, ains
à tel pouuoir que de s'amye quât
il luy plaist peut auoir la iouyssance. Quant Florimont eut biê
recordé les parolles de la damoyselle se trouua si picqué du
d'ard de Venus qui d'elle s'approcha, disât mieux aymer estre
de mort attainct que par follye
telle dame perdist.

A tant se sont entre-aprochez
pour se baiser, & prendre ioye
d'amours sur l'herbe verte.

Apres qu'ils eurent prins repos la damoyselle reprint la parolle. Florimont cher amy l'espee & l'annel que apportay de l'isle celee tu possedes maintenant lesquels de bien garder tu en auras le soing. Car l'annel est de telle vertu que son meilleur ne pourroit on recouurer, & tant que sur toy le porteras iamais homme ne tesconduyra s'il à le pouoir en ce que luy auras commādé. L'espee tu garderas si songneusement que ta vie, car quāt tu lauras ceinte & tu te trouues en eschocq de bataille pourras eschapper sans mort, pris, ne vaincu. Or si on te demande ou ceste espee recouuerte tu as, dis l'auoir trouuee dedans la pance du monstre, Car amours pas ne deffend que amy & vne amye sachent mentir l'vn pour l'amour de l'autre. Or Florimont puis que auez instrumens par lesquels vostre vie souuent sera rescousse. Vous pouuez maintenant ieunesse habandonner en aduentures. Et volontiers feroys long seiour auec vous, mais trop ennuyeroit à mes gés vers lesquels me conuient retourner, vous priant si voulez auoir loyalle amye, recouuerte, que iamais reueillez à nully nos amoureux soulas. A tant la damoyselle remonta sur son palefroy ayant le cœur en l'armes d'estrempé. Et

Florimont seul demoura, qui ne sçeut faire autre chose que sonner son olifant, au son duquel tous ceux de la cité vindrent quitost l'interroguerent, comment en alloit de l'espee auec l'annel & ou prins auoit longuement, dont estoit remis en santé. Florimont pourueu de sa responce, leur en dist ce qu'il auoit trouué par conseil, lors tous menans ioye du monstre qui estoit mis à outrance, sa chair brusterent & la cendre lancerēt en la mer, puis retournerent en la cité tous conduicts par chere ioyeuse, fors le damoysel qui se fondoit en l'armes quand de s'amye luy souuenoit.

Lorimont apres ceste aduenture comme celuy qui vouloit preseruer en vertus eut desir receuoir l'ordre de cheualerie. Et pour mieux sçauoir comment en telle chose on se denoit maintenir, sans longuement remanoir, sur ce mist Flocard à raison, le maistre

maistre voyant son disciple con-
uoiteux d'honneur acquerir, &
considerant que en ieunesse gist
peu de sapiéce ayant crainte que
le bon commencement de florimont ne fut par sedition en ma-
le fin conuerty de rechef l'endoctrina sur toutes manieres de
bien viure, puis luy dist, ie te
conseille pour le mieux aller au
roy d'esclauonye qui trouuera
de triumphans harnois & à grád
ioye & te fera cheualier. Mais
vne chose faire te conuiendra ou
grand los pourras conquerre,
c'est qu'en son hostel feras seiour
& luy partiras de ta puissance tát
que ses aduersaires seront de sa
terre bannis. Car si par toy n'est
secouru sera de bref en danger
de tout perdre. De ce conseil
mout se resiouyt Florimunt qui
tout son cœur mettoit à la gen-
d'armerie. Et pource que bié luy
estoit aduis que ses parens de ce
faire ne le destourberoyent, vint
vers eux pour congé demander.
Le roy & la duchesse prindrent si
grand cófort de voit fleur de ieunesse & d'acquerir loüenge en
leur enfant que volontiers con-
sentirent à ses plaisirs. Et pour
plus honorablement par le pays
cheuaucher luy baillerent cent
cheualiers d'estat. Ce fait il print
congé de tous & à bride aualee
cheuaucha tant par le pays d'albanye qu'é fin il arrina ou le Roy
Florimont.

Medon son oncle estoit qui le receut d'vne chere ioyeuse, puis
luy donna l'accollee de cheualerie, & à tous ceux qui estoyent
auec luy. De c'est adoubement
en print flocard si grand ioye
qu'il regarda en son esprit ou il
trouua verité de la vision que
Mataquas en son dormant auoit
euë comme deuát est recité Florimont se tint auec son oncle iusques à ce que ses ennemis eut de-
ietté de sa contree. Et tant y conquist d'honneur que chacun le
tenoit pour le plus cheualeureux
du monde, si que en tous lieux
ou il estoit il valloit mieux que
douze cheualiers, le Roy d'esclauonye voulant recompenser
son nepueu du seruice qui luy a-
uoit faict dist que s'il vouloit a-
uec luy demourer son heritier le
feroit, mais Florimont en ce ne
veut entendre. Ainçois print có-
gé de son oncle pour retourner
en albanie ou apporta les butins
qu'il auoit conquestez & y mena
ioye vie pource que de s'amye
souuent auoit gracieux deduicts
& conseilz profitables sans apperceuance de nully.

D

Nious aduint que Florimont seoyt à la table de son pere, ou ce pendant arriuerét deux messagers enuoyez de par Garganeus Le roy Ignorant de la besongue qu'ils venoient faire, leur commanda lauer les mains puis penseroyent de l'exploicter. Mais Florimont desirant sçauoir la raison qui en ce pays les conduysoit, ne se peut tenir qu'il ne parlast. Si fit tant que se duc luy côta comment sans nulle occasion Garganeus auoit son pays degasté & si bien mis à sa subiection que chacun an y reçeuoit truage. Sire dist le nouuel cheualier faictes luy sçauoir par ses messagers que iamais n'en aura profit, se vers moy ne le conqueste. Fils respondit Mataquas, ie sçay pour vray que contre luy naurois duree, car il te surmonte en cinq pieds de hauteur, & est de si fause vie quant il prent vne forte place qui contre luy c'est deffenduë, il enuoye les gens en cruelle prison, ou pour leur viure ont herbé seullement, ou sinon les faict mourir, Parquoy mieux-ayme estre tenu du truage que pour

ce tu sois affollené mort.

Pere dist Florimont les cruautez de luy si petit mesbahissent, que ià ne fineray que du truage ne vous quitte & qu'il ne ait rendu les deniers dont vous à faict tort. A tant parla aux messagers. Seigneurs se vostre prince veut m'amour acquerir besoing est que nous deux ou gent contre gent en faict de combat donniós à cognoistre à qui plus apartiét le droict que demandez.

Amy dist l'vn des messagers trop dictes parolles orgueilleuses, & ne sçay dont vous viene si fier courage, de ne vouloir rendre le treu à mon seigneur, lequel quant laurez veu, tant sa vettu priserez que naurés vouloir luy faire guerre.

A tant prindrent congé, & si diligemment firent que sont arriuez entre Sippon & le mont Gargan.

Quand Garganeus les vit à peu qu'il ne s'est courroucé pour leur longue demouree, puis demanda qu'il les auoit empeschez de point n'apporter le truage.

Sire le roy à vn fils appellé Florimont si beau qu'il n'est son pareil & en faicts d'armes prisé que nagueres receut l'ordre de cheualerie.

Celuy vous mande pour verité que çà ou delà la mer, corps contre corps ou autrement est

conuenable monſtrer à qui plus
appartient ce droict. Le geant
penſant s'ils auoyent combat
bien toſt rendroict Florimont
confuz & renuoya les meſſagers
luy ſignifier la bataille quāt bon
luy plairoit, & que ſa mere la
ducheſſe en auroit ſi malle part
qu'il la feroit concubine des plus
malheureux de ſa court. Les cheualiers firent ſi bonne diligence
d'exploicter leur chemin qu'en
bref Florimont ſçeut la penſée
de leurs ennemys, puis ne leur
voulut ſouffrir leur en aller ſans
reſponce. Car mieux aymoit à
honneur mourir que touſiours
à honte demourer, leur dit.
Vous direz à voſtre prince que
la faute de moy ne procedera ſi
ce iour qu'il à deuiſé ſe paſſe ſans
que nous deux facions guerre.
Bien toſt Garganeus ſçeut les
nouuelles par les meſſagers qui
luy dirent que Florimont eſtoit
mout cheualeureux, & tant e-
ſtoit de courage vaillant que tel
ſe tenoit pour fort, hardy qui ne
l'oſeroit attendre.

De ces parlers Garganeus tellement renforça ſes douleurs,
qu'il pourpenſa faire ſi aſpre iu-
ſtice de florimont & ſes gens que
de tous endroicts à touſiours en
ſeroit remembrance, Mais ſi fortune que ſouuent decoit, chacun de ſa penſée l'euſt faict certain comment malheur empeſ-

cheroit ſon entreprinſe, il n'eut
commandé qu'on apportaſt les
plus fortes eſpines de la contree
pour faire vn rey ayant cent toy-
ſes de largeur & de long qui ſeruiroit à ſurmonter le duc & ſes
ſubiects.

Florimont eſtoit à Duras qui
faiſoit forger armures, & querre le meilleur d'eſtrier qu'ō trouueroit en la contrée ce qui fut
faict diligemment.

A tant ſe miſt aux nauires accompagné de cent barons auſquels ſe print à dire. Seigneurs
tous ie vous prie par grand bōté
que ſi Garganeus à vouloir mo
deçeuoir ou deſtruire, & vous
me oyez crier Menſeingne, chacun de vous prengne ſes armes
pour moy haſtiuement ſecourir
mais ſi d'auenture nous deux la
bataille faiſons, beſoing naurez
vous y trouuer. Et le ie ſuis prins
ou mort retournez en albanye,
ou mettrez peine vaillamment
vous deffendre, car ſuis certain
que de luy vous ſerez aſſaillis.

Tandis qu'il diſoit ces parolles que les barons luy octroye-
rent, le vent leur fut ſi agreable
que l'endemain à la clarté du
iour commencerent voir la terre dont le ſeigneur faiſoit guerre à maintes gens à tant parla le
iouencel.
Seigneurs pource que ie ne veux
ḡ la nef ſoit cogneuē eſtre garnie

de cheualiers, vous demourrez icy sans faire bruyt, & mon seul men iray arriuer au port ou mō maistre me armera de tout ce qui m'est cōuenable. Garganeus qui bien auoit la nef congneuë se pourpēsa que Florimōt estoit dedans. Lors commanda ses garnimés luy estre apportez & que chacun l'accompagnast s'ils vouloient merueilles veoir du lyon qui se mesleroit à la brebis, puis descēd de sa forteresse, & vient droit à Florimont qui se maintenoit si hardimēt que pour luy ne reculla: ainçois auoit en pensee de son bon droict soustenir, si que riens ne luy tourneroit à desdaing, fors si le i'ay en n'auoit armeures. Tāt sentre-approcherent les deux bataillans que garganeus dist si Florimōt luy vouloit guerpir la place encores ne le tiendroit quitte, mais le cheualier pour ceste parolle garnist son courage tellement en hardiesse que si son ennemy eust eu armeures par tous ses membres rien ne luy eust apporté plus grand ioye car il craignoit auoir blasme se vn cheualier desarmé rendoit pour outre. La bataille des deux champions commēca de tel effort que garganeus ietta le premier coup si roydement qu'il attaignit le destrier de Florimont, & le fendit depuis le chef iusques à la selle tant qu'il

cheut mort en la prairie : mais Florimont qui bien sçauoit de l'escrime pensa que ce coup luy seroit cher vendu si le pouuoit trouuer à descouuert, à tant tira l'espee dōt s'amye l'auoit garny, & vint de telle force choquer contre le Iayan que pres le costé luy couppa os, & la peau si les boyaux luy apparoissoient au ventre, & fut le coup si merueilleux que au descēdre la chair des cuysses fut froissee, les os, & les nerfs du genoil si decouppez que garganeus ne se peut guarētir de choir. De ceste taille fut le Iayan si mal atourné que mieux eust aymé la paix que plus souffrir tels horions. Florimont apperceuant que fort l'auoit meshaigné luy dist, que s'il le vouloit clamer vaincu il pourroit eschapper la mort, mais en ce ne se voulut condescendre Garganeus pour peur d'estre accusé de couardise, ainçois dist que s'il mouroit sa mōrt seroit cher vēdue à Florimont par son oncle l'admiral de Carthage, & autres ses parens. Telles menaces plus que parauant mirent le iouuenceau en hardiesse, & tellement tint sō ennemy de court que besoin luy fut à ses hōmes secours recouurir. Quant Florimont vid les gens de Garganeus venir à l'escarmouche, & appella sō ennemy fauseur de foy, veu qu'eux

deux deuoyent mettre à fin ce
combat, mais le Iean dit qu'il e-
ſtoit nauré ſi durement que toſt
beſoin auoit d'ayde & que mieux
valloit mentir pour eſchapper
que pour dire vray mourir incõ
tinent. Or Garganeus diſt Flori
mont tu as failly à ton cuyder &
eſt raiſon qu'en aye tel ſeruice
que merité l'auras. A tant traict
ſon eſpee & le feriſt de telle force que le chef luy fiſt voller au
champs, les genſd'armes Garga
neus voyans leur maiſtre mis au
bas commencerent à cryer, mar
fut faict. Et Florimont boute l'é-
ſeigne de l'iſle celee ſi que des
deux pars en peu d'heure la bataille fut grant. Et telle en vint
l'aduenture que florimont ſur-
monta ſes ennemis, puis s'en alla au chaſteau Garganeus deliurer les chetifs priſonniers ou il
fiſt rauir les richeſſes qu'õ y trouua. A tant s'en retournerent à
Duras ou à grand'ioye la teſte de
Garganeus à la porte pendirent,
Et le maiſtre ayant remembrance
de la viſion Mataquas regarda en
ſon eſcript ou il cogneut que le
ſãglier qui leur faiſoit tort eſtoit
à la mort mys.

E toutes ces bonnes
aduentures Mataquas
auoit eu la cognoiſſã-
ce par viſion la nuict
que Florimont fut en-
gendré ou en ſon ſecond dormir
luy vint vn ſonge qui de telle
douleur le nauroit que tous ſou-
las mettoit hors de ſon cœur: car
bien luy fut aduis voir vn lyon
las, maigre n'ayant que les os &
la peau, ſi que à peine le cognoiſſoit, &'vne choſe luy tournoit
à pitié, pourtant que vn grand
lyon mettoit peine à le conſoler
mais ne luy eſtoit poſſible. Tandis que ceſte viſion luy duroit, il
regarda vers le port de la mer,
ou vit vne nef atriuer, de laquelle le patron & ſa gent prenoient
pied ſur le ſablon, au petit pas
le lyon cheminoit, duquel nul
auoit cognoiſſance, tant eſtoit
de ſanté deſpourueu. Ce non ob-
ſtant ſe miſt en leurs nauires, puis
toſt apres le pays D'albanie laiſ-
ſerent & leur fut le vết ſi appoint
qu'ils arriuerent en vn bocage
ou frequentoyent ſauuages beſtes. Illec le lyon tant ſeiourna
que ſancté recouurit, dont Mataquas en ſon dormant rioit, &
luy ſembloit qu'en ce bois auoit
vn liepard d'vn vaillant courage
qui ſouuent faiſoit aſſaut au dragon prenant paſture en ce bocage, mais vaincre ne le pouuoit,
fors par l'ayde du lyon, qui par ſa

force, & vertu de si pres le tou-
choit qu'en fin le rendoit au liepard comme recreant. Lors le
patron, & ses gens le lyon cou-
ronnerent, & par amour luy dó-
noit le liepard vne fleur floriss'ât
plus fresche qu'vne. De celle
fleur vn rameau sourdoit, & du
rameau croissoit vn arbre qui
n'estoit planté nullement, car il
s'estendoit par tous les regnes
en sorte que bestes sauuages, &
priuees soubs son vmbre se ta-
pissoyent. Et au dessus les oy-
seaux errans par l'air faisoyent
leurs deduits. Tant creut c'est arbre que par succession de temps
les deux parties du móde tenoit.
De ceste visió Mataquas ne s'es-
ueilla, ains derechef vid vers luy
venir vu olifant monstrant estre
si forsené que luy, & le pere de
sa femme vouloit à mort naurer
& tous deux les faisoit ietter en
vne fosse ronde, l'ayde patfon-
de, & hydeuse, mais en fin le duc
prenoit consolatió pource qu'il
luy sembloit voir le lyon venant
des boscages de bestes sauuages
accompaigné, & cheminoit vers
celle fosse, ou deliuroit les prisonniers, puis erroit tant par les
forests qu'en fin il trouua l'olifant qu'il cóquist, puis firent ensemble paix, & accord, dont
Mataquas print tel plaisir que de
ioye se resueilla, & le tout voulut comter à maistre Flocard qui

ne luy en rendit response, pource qu'il cognoissoit que seroit
amours qu'il traicteroit Florimont le temps aduenir.

Ce qui fut vray : car fortune
fut si tannee de tousiours esleuer
Florimont qu'en peu d'heure luy
tollut toutes les ioyes, & bon-
neurs qu'il auoit conquises en
faits d'armes que autrement.

Et luy seul en fut plus cause
que nul autre, pourtant que sa
ieunesse ne se pouuoit garder
d'aller si souuent voir s'amye
qu'en fin maistre Flocard par ni-
gromance s'en apperceut, & à la
duchesse en vint parler.

Dame ie crains que monseigneur Florimont ne soit abusé,
& perdu par la pucelle de l'isle
celee, laquelle l'ayme tant que
celle peut l'emmenera outre la
mer, & que iamais n'en pourrez
nonuelles ouyr : car l'isle celee
est en si estrange contree qu'on
n'y peut aller ne venir sans passer dangereux lieux, mais en
c'est affaire pouuez remedier facillement si voulez le suyure de
loing, & que si trouuez moyen
quelle vous puisse apperceuoir,
elle sera deceuë de ce quelle en-
treprend, & ne pourra vostre fils
emmener, lequel vaudra mieux
dolent auecques vous demourer
que s'en aller auec elle ioyenx
pour se perdre en pays inco-
gneu. A tant la dame delibera

faire le côfeil du maiftre, lequel vint à Florimont pour remon-ftrer que trop feiournoit au pays & que temps eftoit qu'il allaft ayder au roy Philippes à repouf-fer l'armee Candobras qui fon pays mettoit à deftruction, Mais Florimont detenu de penfees a-moureufes aymoit pour lors mieux le deduyt de s'amye que s'il de tous autres. Et pource qu'il s'en vouloit aller ne fça-uoit comment excufer fe deuoit de point fecourit le Roy Phi-lippes, fors qu'il dift n'auoir ar-meures fuffifantes. A tant fe leua par vn matin, & à fa dame qui l'attendoit alla parler fecrette-ment, mais la duchefse qui de ce prenoit garde le fuyuit de fi pres quelle apperceut la pucelle qui pour cefte caufe fift chere fi trifte quelle en perdoit toute contanance. Et commença dire. Et commença dire à Florimont qu'il l'auoit fauffement trahye, puis que apertemét on lavoyoit. Dame dift il ie ne fache homme ayant fi grand hardiefse qu'il o-faft prendre garde ou ie fuis.

Cheualier refpondit à la da-moyfelle celle qui ma veuë cest ta mere Edozie qui endroit foy à vfé de prudence, car fi mainte-nant ne m'euft apperceue de iõg temps ne vous euft veu.

E ce Florimont ne fut ioyeux, ainçois pria la dame que celle ne le vouloit prendre pour amy que du moins le tint pour fon petit feruiteur. A ce elle re-fpondit. Florimont ie t'ay aymé & donné de mes biens que pas ne te reproche. Mais maintenant ie te ofe mener auecques moy, & ne puis auecques toy demou-rer, car combien que ton cœur fuft faify du mien qui par le tien fleuriffoit, fi que de la fleur for-toit vn beau fruict veftu, de fou-las, & honneur.

Toutesfois tant nous auons ay-mé deduit que de prefent la fleur eft fi gaftee que le fruict auoit duree ne peut.

Dame dift le iouuenceau vous dictes verité vn arbre ne porte fruict fans fleur. Et bien fuis co-gnoiffant que clarté, & lumiere eft tournee en obfcures tene-bres fans fçauoir par quelle ad-uéture. Amy dift la pucelle pour delaiffer voftre douleur encores de moy receurez vn baifer qui fera de pleurs beaucoup differés an premier iamais euftes de moy car ie m'en veux aller, & auec moy volontiers vous menaffe ou vo' ferois cõpagnie fi i'ofois Et ce n'eftoit qu'il me conuien-dra mourir le iour que voudray faufer ma foy, deuát que fuft lõg téps nous reprendrós recreation

Or Florimōt de ce nayez regret,
car s'auec vous ie demourois ia
plus d'vn mois ne pourrois viure
Et se veniez auec moy soubdai-
nement mort vous seroit pro-
chaine. Certes beaucoup me poi-
se que le depart de nostre amour
est enuironné de douleurs, &
voudrois que dieu se fust accordé que iamais ne nous fussions
veus, puis que de dueil conuient
repas. A tant les deux amans furent si mal atournez du feu d'a-
mours que sans dire mot se partirent d'ensemble. Et tant fist la
dame qu'elle arriua en l'isle celee
ou pour l'amour de son amy fut
plus d'vn an sans estre mariee,
mais au tiers an print Veufas qui
de Candobras estoit nepueu, &
tant geurent ensemble qu'elle en
eut vn beau fils nommé Nacta-
bus qui depuis fut roy, & tant
sçeut d'enchātemens que si quelque creature vouloit passer en
l'isle celee pour rober ou faire
mal il faisoit tellement mesler la
mer auec les vents que les nauires perissoyent.

Comment Florimont pour les douleurs qu'il eut de s'amye mist tout à
nonchalloir si qu'en la fin fut appellé
pauure perdu. Et comment l'admiral
de cartage vengea la mort de son nepueu Garganeus contre le duc Mataquas.

Aprés que la dame fut
partye Florimont
n'eust tant en luy de
vigueur qu'il se sçeut
tenir sur pieds. Ain-
çois geut pasmé sur le sablon tāt
souffroit de peines & trauail
pour amours qui l'oppressoit. Et
endemétiers qu'il faisoit les douleurs, la duchesse vint racomter
au Roy à Flocard & aux autres
barons tout le faict, & fist tant
qu'ils vindrent ou estoit son fils
pour le garder d'inconuenient
car elle craignoit quant il seroit
hors de pasmoyson qu'en la mer
ne se lançast. Mataquas & la baronnie l'emmenerent à duras ou
luy firent preparer toutes dou-
ceurs & viandes exquises pour
sa santé recouurir, mais ne sçeu-
rent si bien besongner qu'il ne
fust deux iours & deux nuicts sās
auoir nulles parolles & sans boire ne menger, dont Flocard en
print tel esbahissement qui luy
remonstra que tout son los &
hōneur qu'il auoit conquis tourneroit à grand recreance se vne
femme le vainquoit Beau maistre
dist le disciple la duchesse à faict
la faute & par elle i'ay perdu ma-
mye dont ie croy que me conuient mourir, car au cœur en ay
tel dueil que contre amours rien
ma force n'a peu. Amy respondit
le maistre mettez à non challoir
ce que auoir ne pouuez, car
meilleure

meilleure fortune vn iour qu'il
aduiendra , vers vous adreſſera
pucelle telle qu'il appartient.
Tant Flocard le admonneſta qu'ē
fin le fit leuer du lict puis lauer
ſes mains, pour prendre ſa refection, mais de choſe qu'on luy
ſçeut dire ne vouloit s'amye oublier. Ains viuoit tant de mal en
pis que tout luy fut à non chaloir.
Et comme ayant regret de ſa vie.
donna ſes biens aux eſtrangers ſi
qu'en peu de temps ſon pere fut à
pauureté mys , & luy meſmes.al-
loit par les champs tous nuds &
mal veſtu ſi deſplaiſant qu'il ne
cerchoit fors que la terre le en-
gloutiſt.Or aduint telle la fortune qu'en ce temps l'on l'apelloit
Florimont de dueil ſe vouloit
occire, diſant que la dame de l'iſle celee auec elle l'auoit emmené quant dernierement ſe baiſe-
rent & en ſon lieu auoit laiſſé vn
cheualier qu'on appelloit le pauure perdu. Le lignage Florimōt
fut ſi troublé de ceſte mal aduē-
ture qu'ils craignoyent l'appeller autrement que pauure perdu.
Et mout mena dure vie par l'eſpace de trois ans , pendant leſquels l'admiral de Cartage am-
mena grant oſt en albanye pour
venger la mort de ſon nepueu.
Et y fiſt tant de cruautez qu'il mit
le feu en toutes les villes & chaſteaux , fors en la roche de duras
que tout ſon pouuoir ne peut
Florimont,

conquerre.De ceſte deſtruction,
le Duc , la ducheſſe , & Flocard
menoyent tel dueil qu'ils ne
prioyent fors que mort les vint
ſaiſir.Et la dame ſouuent diſoit
que par largeſſe de leur fils malheur grandement les tourmentoit, Mais le Duc eſperant que
fortune tourneroit ſon furieux
viſage en gratieux regard, pria
la dame auoir vn peu de patiēce,
car ſon fils verroit plus haut en
ſeigneurie que oncques mais n'a-
uoit eſté· Flocard que riens ne
deſiroit ſinon que ſon diſciple
fuſt reduict en ſes premieres hō-
neurs pour riens ne le vouloit
habandonner. A tant print congé d'eux pour s'en aller en l'hoſtel du pauure perdu, ou le trouua mallement atourné ſur vn lict
ſe plaignant d'amours. Amours
que vous ay ie meſfait,pourquoy
metrez vous denant mes yeux
remembrance de la dame qui
tient mon cœur en ſes lats,vuy-
dez de moy, car pour auoir ſer-
uy loyaument maintenāt de vous
n'ay recompenſe fors que trahy-
ſon iuſques à la mort. Ha fortune tu me faicts tort , Car ie ſou-
lois eſtre au haut de ta rouë &
maintenant ie ſuis au bas. Helas
n'euſſe quis y monter ſe de bref
euſſe cuydé deſcendre. Ha , ha
fortune l'amour que ay eu en toy
ma fait te ſuyure en maintes pla-
ces,mais trop cher me la vendes
E

veu que de moy partir ne veux.
Or maintenant suis à honte venu
puis que amour, fortune, & largesse d'honneur mont mis à pauureté. Certes quant tous trois
m'aurez peu vous en viendra de
profit. Tandis qu'il faisoit ses cõ-
plaintes le duc & Flocard sont
venus à luy pour le mener à l'esbat & en allant tous trois sous
vn arbre se seyrent pres vn piller
de marbre ou long temps ne dirent mot, mais en fin Flocard
dist à Florimont que s'il ne prenoit meilleur conseil mallement
viendroit à fin, car ia de grand
honneur & richesse luy & ses parens auoit mis à pauureté. Maistre dist le pauure perdu tout le
mal qui nous vient procede en
partie du conseil que donnastes
à ma mere. Et aussi de mon pere
qui me disoit à tous propos que
largesse me monteroit en honneur. Or de dõner oncques iour
ne fus las, tant que de biens ay
eu la charge.

❧ Comment le pauure perdu se mist en vne nef qui alloit donner secours au Roy Philippes contre Can-dobras Roy de Hongrie.

TANT se reposerent le
Duc, maistre Flocard
& le pauure perdu sous
l'arbre qui virent na-
ger vne nef sur la mer venant des
parties de Calabre. Et en laquelle estoient tous garnemens conuenables à gend'armerie. De ce
le pauure perdu se resiouissoit,
& mesmement quant il oyoit
hanir les cheuaux. Car deliberoit
en son penser s'en aller auec eux.
Risus vn prince de parage estoit
seigneur de celle nef qui s'en alloit vers le Roy Philippes ainsi
comme luy auoit mandé. Et y
portoit grand pouruéance de deniers, car y vouloit remenoir
l'espace de trois ans pour voir la
damoyselle, & y conquerre pris
& honneur. Tant nagerent qui
sont au port arriuez, ou sortirent
hors le grauier pour prédre quelque esbatement, dont le prince
perdu y print tel deduict que
pour la ioye son dueil oublia. A
tant se traict vers les cheualiers
nudz pieds & pauurement vestu,
tant qu'en bref salua vn damoyseau qui en sa main menoit vn
cheual chastellain, puis l'interrogua de quel pays venoyent, & en
qu'elle contree tédoit celle nef.
Le damoyseau luy rendit son salut, puis mot à mot luy compta
l'entreprinse.

Amy entre tant de nobles ie
ne puis cognoistre le prince de

tous. Sire c'eſt celuy qui vient ſur le d'eſtrier, partant ſi voulez parler à luy faictes en la diligence, car il veut cheuaucher par la nuit pour plus toſt exploicter le chemin. Tant fit le pauure perdu ayant viſage tout deſcoulouré, & par force d'amours ſi deffait de tous membres, qu'il arriua denant le prince qui le voyât en ſon courage penſa n'eſtre ſorty de pauure lieu ſi le miſt incontinent à raiſon. Dictes moy bel amy ſe fuſtes né en ceſte cōtree qui eſt qu'aſi toute deſertee, ſi qu'il ſemble que des long temps ayt eſté en guerre, & ſi eſtes extraict de lignee cheualeureuſe ou ce oncques receutes l'ordre de cheualerie. Quand le pauure perdu entendit le conuoyement du prinſe pourpenſa luy dire cōment il eſtoit de ceſte terre ou auoit eſté adoubé & s'appelloit pauure perdu. Puis luy comta comment vn monſtre les auoit deuorez & le reſte Gargatsus mis à ſi grand pauureté que pour querir autre region neceſſité les contraignoit. Le gentil prince l'interrogua ſur le faict de Florimont diſant que pour honneur & faicts de gend'armerie qui en luy giſoyent volontiers de luy prendroit accointance. A tant luy pria le mener au manoir de Florimont s'il en ſçauoit aucune choſe. Sire diſt le pauure perdu

trois ans à qu'il s'en alla auec ſa myé la dame de l'iſle celee que des long temps il aymoit & depuis ne fut veu dont ceſte terre en eſt ſi fort empiree que le duc Mataquas en toutes gens n'a que xxiii. cheualiers qui ſont ſi attains de pauureté que à grand peine peuuent ils viure. Riſus eſmeu de pitié voyant le cheualier ſi mal átourné de veſtemens, luy voulut faire pourueance, mais le pauure perdu n'en eut cure, ains luy requiſt qu'il vouſiſt ceſte nuict heberger en ſon hoſtel & toute ſa compagnie. De ce faire n'eſt poſſible diſt Riſus, ſi ne voulois au roy Philippes mentir vers lequel me faut éſtre dedans quinze iours. Ces parolles ouyes le cheualier requiſt au prince que de deux choſes l'vne vouſiſt mettre en effect, ou du remanoir qu de mener auecques luy.

Et promiſt à toute l'armee qu'il ſeruiroit ſi bien en toutes choſes, que leur honneur n'en ſeroit amoindry.

Le prince penſa long temps que ce iouuenceau eſtoit pauure de richeſſe, mais il auoit aſſez de cœur.

A tant ſur c'eſt affaire print conſeil à la gend'armerie qui toute s'accorda qu'on fit du pauire perdu vn des ſeigneurs de la bende. Ce faict le prince le detint de ſon hoſtel.

Et afin qu'il eust plus grand desir remanoir voulut le payer de
ses gages des le commencémét, depuis commanda qu'il satournast
de ses armeures, & hastiuement
print congé de son pere, car icy
demourer ne pouuoit plus. Le
iouuenceau fit si tost tel commandement qu'en bref à son pere vint , & compta l'honneur
que luy faisoit le prince. Son pere en eut telle resiouyssance que
toutes ses douleurs mist en oubly. Et pour estre plus honorablement luy fist prendre son palefroy, puis se dirent adieu.

Locard ioyeux du
pauure perdu , qui
voulonté auoit de
s'en aller hors du
pays vint en sa mai-
son voir qu'il estoit aduenu de
la vision de Mataquas. Et trouua
commét vn lyoncel n'ayant que
les os , & la peau auoit prins
alliance auec le patron de la ga-
lere, puis s'acointoit d'vn liepart.

A tant Flocard vint à son seigneur, disant que pour pauureté

ne le lairroit. Maistre dist le
pauure perdu de mon cheual aurez la moytié , ainçois que de
vous n'aye cópagnie , mais Flocard ayma mieux aller à pied ou
au moindre estat qu'il pourroit
par ce que de plusieurs estoit co-
gueu. Et afin que plus allast secrettement se fit appeller Cacopedie, qui signifie en grec, mauuais garson en françois. A tant
prindrent congé pour cheminer
vers le prince , & ne cenoient
despourueus de harnois , & de
noms , assez tost leur pourroit
changer , se fortune leur estoit
propice. Et ne fut en cest affaire
oublié l'espee, anneau, & oignement de la bonne dame de l'isle
celee. Quant furent arriuez en
l'armee du prince vn cheualier
mal hardy commença à demander au pauure perdu qui l'auoit
garny de ce vieillard qui deuant
luy trotoit. Ceste demande grá-
dement courroua le disciple
qu'il mist la main à l'espee pour
frapper le cheualier , mais par
l'enhortement de Cacopedie só
coup retira. Tant fut le bruyt
grand pour ceste cause que Risus
le sçeut , qui puis fist crier que
homme viuant ne leur vousist
faire villennie. Celle nuict se reposerent en vne ville estant au
duc Meleam iusques à la clarté
du iour qu'ils monterent tous
sur leurs Palefroys , fors Caco-

pedie qui tant à pied chemina,
que pour trauail, & veillesse se
trouua si lassé que son disciple
l'attendoit pour le faire monter derriere luy. Tant cheuaucha que Risus, & ses gens qu'ils
passerent le val de Brice ou se-
iournerent vne nuict.

Et de la entrerent en Hongrie iusques à vne cité mout noble que L'escople on appelloit,
ou trois iours se reposerent,
souuent regardans par les cháps
plains de boscages, & de vallees
parfondes.

Ce pédant le pauure perdu dist
à son maistre que pour le mieux
il s'en-allast parler au prince luy
prier d'aller deuant pour preparer ce que seroit conuenable
à Phelipope, qui estoit encores
loing d'enuiró quinze iournees.

Et pource mieux exploiter luy
conuenoit estre vestu. Et quant
il seroit à Phelipope il donnast
salut au Roy, & aux riches bourgeois de la ville , qui de tous
draps feroit faire habillemens
conuenables à cheualiers, auecques armeures, & palefroys, iusques à traize prairies.

Cacopedie voulut sçauoir qui
de ce faire l'auoit conseillé.

Maistre ie veux monstrer à
ceux qui m'ont pour fol detenu,
que ma follie passera leur prudence.

Or allez, n'ayez doute qu'il

vous esconduye tandis que aurez mon anneau en vostre doigt.

Cacopedie vint à Risus luy declarer son partement, & en tout
ce qu'il demande de riens ne fût
esconduyt, mais pource que nul
est viuant si raisonnablemét que
son office puisse à chacun com-
plaire, plusieurs se commencerent à gaber de celle entreprinse , pour laquelle mettre à fin
Cacopie erra si legerement que
en moins de huict iours fut arri-
ué à Phelipope , ou deuant que
descendre mist vn damoyseau à
rançon pour sçauoir en verité
quel bourgeois abondoit plus
en richesses. Le damoyseau plusieurs marchans luy monstra-

Lesquels vn nommé Delphins
passoit de biens , & d'honneur,
& tant estoit estimé que tout ce
que la fille du roy auoit besoin
on l'alloit querir en sa maison.
A tant Cacopedie vint au bourgeois, & apres la salutatió faite
luy dist tout ce que luy auoit en-
gé son seigneur Delphins , qui
n'eust sçeu resister à la vertu de
l'anneau, bien tost appareilla vestemens, palefroys, & armeures,
puis emmena reposer Cacopedie pour luy demander son nom
& celuy de son seigneur.

Cacopedie point ne luy cela,
dont le bourgeois print grand
merueilles, car tels noms estoiét
fleur de pauureté.

L'escuyer Cacopedie dist tant de bien de son maistre comme il y en auoit, mais en tout Delphins auoit si peu de confiance que bien s'attendoit perdre ses deniers, toutesfois Cacopedie, le mist en bonne esperance, car il luy dist que pas n'estoit esgaré ce que deuoit venir, & en tout parla si honnestement que le bourgeois ne peut croire qu'il s'appellast mauuais garson, ainçois luy tint longues parolles pour sçauoir de son estat, ce que luy fut impossible, à tant laisserent le parlement, & s'en allerent seoir au manger iusques à l'heure que chacun se retira es chambres pour prendre repos.

Les iours ensuyuans Cacopedie faisoit tout appareiller pour receuoir à honneur Risus, & sa gend'armerie qui cheuaucherẽt à si grand diligence qu'en fin fort approcherent de la ville ou les bourgeois faisoient grãd feste pour la venuë du pauure perdu qui arriua en vn soir à la vespree, mais ce ne fut sans que dames, damoiselles, bourgeois, & escuyers allerent au deuant, Delphins craignant que le pauure perdu ne le tint à honte s'il n'y alloit, & mõta sus vn destrier pour cheuaucher auec Cacopedie.

Et en cheuauchant le pria qu'il luy vousist monstrer son seigneur, ce qu'il fit.

Adonc le bourgeois pensoit que de luy se gabast veu que entre tous les barons estoit le plus mal en ordre de harnoys, & vestemens. A tant entrerent en la cité ou le prince vouloit prẽdre logis, mais Delphins ne le vouloit souffrir, car il desiroit qu'il allast à son hostel descendre. De ce fut grandement marry le pauure perdu si que comme forsené vint au prince dire qu'il venoit de son pays ou il luy fist vn conuenant que maintenant deuoit accomplir. Et s'il y auoit hõme en sa court qui en ce vousist contredire corps à corps en fait d'armes luy presentoit le combat. Quant le bourgeois l'ouyt ainsi parler pourpensa que de son logis ne luy feroit tort. Ainçoys luy bailleroit tout le gouuernement de sa despence le prince fut emmy la place qui se repent, mais c'est à tard du conuenant qu'il auoit fait. Si tira de ses gens à part & leur dist. Seigneurs ie vous dicts dedans la nef qu'il viendroit vn temps que cher acheterions la folye de ce baron, mais ma parolle croire ne voulustes, ains la tinstes pour follie. Or me conuient il logis querre, car pour riens ne luy vondrois le conuenant fauser. Sire respondent les barons trop est qui à fol s'atend.

Et de le croire se seroit à vous trop abaissé vostre estat.

Leodis qui gueres n'aymoit le pauure perdu le vint appeller meschant, & luy dist que son parler monstroit qu'il auoit esté en mauuaise escolle, car ne luy donnoit aucune courtoysie, de ceste iniure fut le baron si eniminé que tost presenta son gaige côtre Leodis qui ce n'eust cure mettre afin, mais s'en alla vers le prince dire qu'il ne faussast la foy, car il ne luy auoit fausé de sa part. Risus de cestuy print le conseil, puis ordonna que riens de son bernage fust espargné à l'escuyer qui feroit de si grands appareils que les deniers qu'ils deuoyent despendre en trois ans seroient en huict iours desuoyez, à tant que le prince s'en alla descendre au logis du pauure perdu, qui de sa grace luy rendit.

Hilippes ioyeux du secours qui luy estoit venu ennoya d'Amian les saluer en son nom d'Amyan qui estoit homme cognoissant en tous estats, au partyr print troys chevaliers pour luy faire compaignie puis s'en allerent ou le pauure perdu s'estoit logé, & à tous au nom de son seigneur presenter honneur, & amour puis demanda lequel estoit sire de tous. De ceste demande Risus fut si honteux que long temps retint son parler, mais en fin dist qu'ils estoient arrinez auec le pauure perdu à qui tous denoyêt estre Lors d'Amyan l'alla saluer, puis fut côtraint lauer les mains & au menger prendre siege. Le soupper finé chacun s'en alla prendre repos fors le pauure perdu qui sô hoste appella, pour luy commander qu'il apportast les vestemens s'ils estoient faits. Delphins qui desiroit en riens ne luy desobeyr s'en alla querir robes faites de la meilleure soye que oncques point auoit sçeu recouurer, puis selon le commandement du baron les porta aux cheualiers, & rapporta les leurs pour en faire à son plaisir s'il pouuoit le matin d'Amian s'en est retourné, & en bref racomta à son seigneur q̃ le sire de l'armee s'apelloit pouure perdu cô

bien que fuſt mal atourné de veſtemens ſi auoit il mout noble
court, & ſçauoit ſi bien parler
& eſcouter que de tous la grace
acqueroit. Philippes iſnellemét
ſes parolles eſcouta, mais ne dit
pas ce qu'il penſoit, meſmement
du ſonge qu'il auoit autresfois
eu comme deuant eſt racompté.
Toutesfois ne cuydoit que le
pauure que ſon pere luy auoit dit
par viſion fuſt venu, ainçois le
meſcrioit que ce ne fuſt il pas.
pource que le non perdu eſtoit à
pauure adiouſté ſur ce point le
roy s'en alla geſir, mais le penſer qu'il auoit le ſómeil luy tollut de la venüe du baron. Rema-
nadaple fut aduerty par ſa maiſtreſſe qui luy compta comment il
eſtoit amyable & de parolles a-
cointables ainſi que Damyan a-
uoit au roy recité. Quand la pucelle de ce fus aduertye, incontinent ſe trouua nauree par la
deeſſe d'amours qui touſiours
met ieuneſſe au de volupte, &
tant penſa en ſon cœur que ſi le
cheualier ſe conduyſoit par folie
cela luy tournoit à grand dommage, Mais s'il eſtoit floriſſant
par proueſſes beaucoup luy ennuyeroit ſi d'elle n'auoit la veuë
deuant trois ans accomplis ſi delibera ne dire mot de ſon penſer
ainçois s'il venoit à elle pour la
regarder, bien luy pourroit donner à ce cognoiſtre ſubtillemét

ſa volonté. En telle ſorte pour
le pauure perdu la pucelle ſe gar-
mentoit, dont la maiſtreſſe en
print ſi grand deſplaiſir que pour
luy donner reconfort diſt, pucelle ne vous eſbahiſſez, pour
vous il vint en ce pays parler facillement & dire voſtre conſeil
Cypriane dit la damoyſelle vous
ſçauez que pluſieurs barons ſont
venuz par deça pour me voir qui
s'en ſont retournez tous marrys.
Et pource ay grand paour que de
luy ainſi ne aduienne. Dame diſt
Cypriane à ce que puis entendre
les malles veſtures qu'il auoit
quant arriua ſont cauſe qu'il ne
vous à viſitee, mais ſon hoſte eſt
ſi plain de douceur & franchiſe
qu'il la receu en grand honneur
& luy & toute ſa compagnie à ſi
bien aornez de veſtemens que
maintenant ne craindra vous venir donner bon ſalut. Pource
vous prie que portez ſagement
voſtre ieuneſſe & ie trouueray
moyen que ſi à luy pouuez il vié-
dra parler à vous. Dame vous luy
pourrez dire ce que mó courage
pretend, mais la choſe qui plus
me deſconforte c'eſt que vn ſeruiteur me diſt herſoir que le baron ne vouloit demourer auec
mon pere ſi ſa volonté ne faiſoit
ains s'en yroit les eſtranges ſeruir. Et pource ſuis deſeſperee &
eſgaree ſi duremét que ie ne puis
la nuict prendre ſommeil. Helas
bien

bien seroye venuë à port de
ioyeuseté si i'auoye à luy co
gnoissace si que de moy eut belle
amye, car le desir que i'ay en luy
est mon soulas & mon confort.
Maistresse belle douce dame ie
vous prie comme m'amye en qui
du tout i'ay ma fiance que luy faciez assauoir comment iamais ne
mis cheualier que luy en mon a-
mour & en sorte que se de luy
n'ay secours ou ioye d'amoureux
plaisirs, la mort me viendra de
bref querre. Or pourtant que celuy est detenu pour fol que dit
tout ce qu'il pense. La pucelle de
tel parler soudainement se re-
pẽtit & delibera n'aymer iamais
damoyseau s'il n'estoit de plus
haut estat qu'elle, la nuict Romanadaple ne peut auoir repos
tant auoit de pẽsees en son cœur
qui de veiller la contraignoit.

Comment par le conseil de Flocard
pauure perdu ennoya quatre che-
ualiers vers le Roy Philippes
pour luy dire qu'il estoit
venu le secourir.

Andis que chacun som-
meilloit le iour du len-
demain faisoit ses pre-
paratifs pour vider de
la nuict les tenebres, si que en
la fin l'aube du iour commença à
apparoistre qui fit leuer sus les
cheualiers, & mesmement le
Florimont.

pauure perdu lequel quant fut
de nouueaux habits preparé se
monstroit auoir si gent corps &
de belle façon que à peine le co-
gnoissoyent ceux qui parauant
l'auoyent veu. A tant sortit hors
de son hostel pour aller donner
salut à Risus comme à son seigneur. Et se maintenoit si bien
vers les barõs & autres escuyers
que tous auoyẽt en luy plus d'a-
mour qu'õ ne sçauroit descripre.
Cacopedie sachant rien n'estre
plus muable que ieunesse. Et
craignant que quelque mal ad-
uanture ne detournast fortune
fauoriser à son disciple tira à part
& dist. Amy vous cognoissez facillement que ce pays n'est pas
pour longuement durer tant que
la guerre y regnera. Et pource
que y estes venu pour pris & hõ-
neur conquerre, se voulez croire mon conseil, vous enuoyerez
quatre de vos barons au roy philippes donner salut. Et luy faire
assauoir que par deça estes venu
pour le secourir en ses necessitez
Et ce faict ie suis certain qu'il
vous tiendra de son hostel, mais
se luy faictes aucun plaisir ne le
requerez, fors d'auoir la veuë de
sa fille ou autrement s'il ne l'ac-
corde iamais auec luy ne ferez
demourance. Or pensez de mettre à fin ce que vous dis. Et serez
cause de grand bien, car le prince & tous ses compagnons ven-

E

lent cy attendre trois ans, mais
ſe voulez par vous deuant la fin
du mois ſeroit deliuré de ceſte
peine. Gueres ne demoura le
pauure perdu qu'il ne fit le conſeil de Cacopedie. Et à tant s'en
vint à Riſus & luy dit mot à mot
Sire amour doit eſtre entre nous
deux ſi que l'vn ne doit l'autre
eſconduyre. Pource il vous plaira enuoyer vers le roy Philippes
quatre de vos cheualiers pour
mon meſſage exploicter. De ceſte requeſte en riens le prince
eſconduyre ne le veut, ainçois
que les meſſagers ſe mirent en
chemin & ſi diligemment firent
deuoir qu'en peu d'heure au palais arriuerent. D'amyan qui de
loing les apperçeut leur vint à
l'encontre, puis apres les ſaluts
voulut ſçauoir ou ils tendoit. Et
quant il ſçeut ſe miſt en effort de
leur faire octroyer ce que au roy
demanderoyent. Adóc vindrent
deuers le roy qui tenoit ſon parlement & le honorerent de toute leur puiſſance, puis dit. Sire
le pauure perdu eſt venu en ceſte
contree pour vous ſeruir & ayder en guerroyant voſtre ennemy & en tous les ſeruices que fera pour l'amour de vous il ne demande fors voſtre fille voir.

Quand le roy entend ceſte parolle il la tint pour gaberie &
reſpondit qu'il s'eſmerueilloit
qui l'auoit ſi follement conſeillé

veu qu'il n'auoit oncques veu
cheualier garny de ſi grand hardieſſe qui oſaſt deuant trois ans
demander à voir la pucelle. Sire
dit Leodis ſi me croyez de par
vous ià ne ſera mon ſeigneur eſ-
conduict, car il eſt de ſi grand
pouuoir & ſes compagnons ſont
ſi preud hommes que ſi vne fois
à cheual ſont môtez tout le pays
les doutera ſur ceſte beſongne
Philippes print côſeil à D'amyan
qui luy diſt. Seigneur vous guer-
royez contre vn roy de grand
puiſſance que ne pouuez facillement rendre pour recreât ſans
l'aide de vos amis vous aſſeurant
que le baron eſt de ſi noble courage que ſi vne fois voit voſtre
fille plus ſera fier en la bataille, &
ſi pour l'amour d'elle ſans honte
ne dommage. Candobras pert la
victore touſiours en ſerez hono-
ré. Philippes de ce conſeil fiſt ſi
grand eſtime que les meſſagers
appeller commanda, & des lors
luy vint en penſee que en ſa viſion ſon pere luy auoit dit que
enuers luy viendroit vn pauure
duquel la cheualerie mettroit
ſon hoſtel en honneur.

Quand les meſſagers furét venus le roy leur diſt. Seigneurs
retournez à voſtre maiſtre dire
que rien n'ayme fors luy com-
plaire en tout ce qu'il demande.
Et s'il veut la pucelle voir, ſe garde d'eſtre apperceu ſinon de ſes

Efcuyers, car tant defire auoir de
luy l'acointance, que ie veux ma
fille luy feruir d'amye, mais que
ce foit fans honte ne vergongne.
De celle parolle les efcuyers fôt
chere ioyeufe, & apres qu ils eurent rendu graces au roy s'en retournerent vers le pauure perdu,
qui gueres ne les laiffa feiourner
fans enquerir qu'elle refponce
apportoyent. Sire dit Tarquinus
felon le iugement de mon cœur,
le roy veut tant eftre voftre amy
que tous fes biens & la veuë de
Romanadaple vous habandon-
ne. Telle fut l'amour des cheualiers enuers le pauure perdu, que
tous à feigneur le tenoyent, &
menoyent vie ioyeufe de ce qu'il
auoit faict par fa courtoyfie en
vn iour, ce que tous en trois ans
n'euffent peu faire. D'amyans qui
fur tous autres toufiours folici-
toit l'honneur & profit de fon
feigneur le Roy Philippes, s'en
vint dire au pauure perdu. Seigneur trop faictes longue demeure d'aller vers mon fire, voir
la plus belle qui foit au monde.
Et quant verrez fon poil blond
vous direz qu'il eft de fin or, &
que fur terre n'eft paintre qui
fçeuft fa couleur denifer, Car nature par grand confeil fubtille-
ment à faict mefleure qui trop
n'eft blanche ne vermeille. Ses
dens font ferrees & yeux rians,
la bouche bien faicte pour vn

doux baifer receuoir, & le corps
pour embraffer, Si que ceux qui
la voyent bien iugent n'auoir au
monde fa pareille.

Veres ne demourerent
quand D'amians eut
parlé, que le pauure
perdu accompagné du
bon prince Rifus & D'amians ne
s'en allaft vers le palais, & les
autres derriere eftoyent, difans
que pour fon fçauoir & honneur
fortune l'auoit remis en hautain
eftat, & de eux tous donne la
feigneurie. Et tandis qu'il che-
minoyent le roy Philippes à fa
fille parloit en faifant la chambre. Bien atournez fille pour
vous voir en ce cartier vn cheualier à prins peine de venir, lequel eft appellé pauure perdu,
mais il eft fi courtois que bien
fçait efcouter & refpondre. Icy
tantoft viendra pour vous vifi-
ter, partât penfez de parler doucement. Sire faict la pucelle de
mes parolles ne fortira vergongne ne follye. Atant le roy s'en
retourna pour faire leuer au palais efchaffaux & autres fignes de

reſiouyſſance , afin que plus honorablement le pauure perdu
ſoit receu , qui tantoſt arriua ſi
bien garnie de tous dons de nature , que tout ce qu'il faiſoit e-
ſtoit gouuerné par raiſon.

Apres que les honneurs furent
faits le Roy le fiſt ſeoir aupres
luy qui ne fut ſans l'arraiſonner.
Vaſſal la ſapience & courtoyſie
qui ſont en vous me donnent
vouloir que de ma court ſoyez
plus ſeigneur que nul autre , &
ſi doreſnauant voulez faire mõ
plaiſir de ma terre , & richeſſes
ſera deliberé comme voudrez.
Et la choſe que plus deſirez no
vous refuſe , car tantoſt la pucelle qui iamais hors de chambre ne print repas viendra manger au palais en noſtre compaignie. Sire diſt le pauure perdu ie
feray endroit moy que ce don
ne ſera de refuſer , & de ma part
graces vous rends. En la ſalle a-
uoit tel bruyt, & ioye que chacun diſoit qu'il viuroit de don
ſpirituel, veu ce que ſans argent
ne richeſſes mettoit à fin ſes en-
treprinſes, mais l'anneau de liſle
celee de tout ce eſtoit cauſe. Ce
pendant que par la ſalle chacun
deuiſoit le ſeneſchal fiſt le manger preparer , puis vont dire à
ſon ſeigneur que les tables e-
ſtoyent miſes , mais auant lauer
le roy s'accõpaigna du baron, &
de Riſus pour aller la royne , &

ſa fille querir. Quant le Roy fut
à l'huys de la chambre luy meſmes le deſſerma & incontinent y
apperceurent grande clarté. A
celle entree le pauure perdu mit
en oubly l'amour de l'iſle celee
tant luy plaiſoit l'amour de Romanadaple laquelle ſurmontoit
toutes les autres en dons naturels & vertueux comme le ſoleil
paſſe toutes clartees. Philippes
prent & accolle la pucelle pour
doucement l'arraiſonner. Elle ce
cheualier ne vouloit à ma court
demourer deuant que deuãt eut
la veuë & pour l'amour de vous
en mon hoſtel , & deux pourray
auoir tel ſeruice que mon pays
ſera de ſes aduerſaires vengé. La
pucelle mout doucement aſſez
par ſubtil regard faiſoit qu'elle
auoit apperceuance du pauure
perdu qui ſi hõneſtement ſe gou-
uernoit en maintenir qu'en toutes choſes n'eſtoit à reprendre,
à tant emmena le Roy ſa fille &
toutes ſes damoyſelles prendre
leur repas en ſon hoſtel royal a-
fin que chacun la viſt & au cheminer le pauure perdu n'auoit
autre penſee qu'en la pucelle, &
elle de ſon coſté n'en auoit pas
moins, ſans ſçauoir ce que l'vn
l'autre penſoit, mais amours qui
ſentre mettoit à toute diligence
conduyre par ſubtilité que l'vn
pour l'autre grandement ſe tra-
uaille. Quand au palais furent

arriuez, gueres ne demourerent sans lauer les mains & prendre sieges à table, ou les dames furent assises d'vne part & les damoyselles de l'autre, & au banquet de toutes viandes exquises furent seruis, Mais peu s'en repaissoit le pauure perdu qui regardoit la pucellé, Mais c'estoit à couuert de paour que l'on ne s'en apperceust. Romanadaple iettoit souuent sa visee vers luy, & tant experimenta sa contenance que de son amour fut nauree iusques au cœur. Apres que chacun fut repu, le Roy cómanda à la royne que la fille fut en sa chambre menee pour sommeiller se elle en auoit besoing, Mais au pauure perdu gueres ne plaist, quant il veoit emmener samye qui fut conduytte par tous les barons, dames & damoyselles de la court, puis chacun se retira fors Cypriane qui tint cópagnie à la pucelle. Ce faict le Roy & toute la baronnie se retirerent en la salle ou il n'y eut celuy qui tint propos fors le roy qui cómença à parler. Seigneurs Candobras roy de Hongrie par grand felonnie me faict guerre afin que de ma terre luy face homage, & ma fille luy donne pour sa mouyller. Bien y à deux ans qu'il commença me greuer durement, Mais le plus souuent son dommage estoit au mien pareil,

Car si de moy prenoit vne ville, bien tost apres vne des siennes seroit en ma puissance, voyant que sur moy ne pouuoit gueres conquerre, trefues me demanda, ce que luy octroyay. Et ce pendant mes barons s'eslongnerent de moy tant que deux ne peus auoir secours quant me vint assel Caloastro maintenant est fortifié, & tant de mes gens à occis que contre luy ne puis auoir resistence. Or mes seigneurs vne espie me à dit depuis vn peu qu'il nous menasse de bref nous donner vn assaut. Pour ceste cause ie vous prie me vouloir conseiller. Sur ces parolles le pauure perdu respondit sus chacun. Sire mout est orgueilleux le roy qui sur vous vne telle guerre entreprét, & pour euiter ses menasses nous faut tenir secrettement si que de nous ne soit nouuelles, puis demain quant viendra pour proye prendre sortirons sus legeremét que deuant que le chasteau ayt recouuert mestier luy sera se defendre, si que luy pourrons faire prendre la fuitte, car qui vn felon laisse en sa terre. Il vit plus en guerre que paix. Or qui meilleur conseil sçaura si le die, certes dist le roy mout estes prudent & sage. Quád la roy eut octroyé qu'on feroit tout par le commádement du pauure perdu chacun luy printà demander congé pour

mettre afin leur entreprinfe,
mais auant leur depattir Philippes requift au cheualier qu'il
print richeffes pour luy fecourir
ce qu'il refufa, difant qu'il feroit
à fuffifance fe Candobras pouuoit rendre vaincu, de d'Amyan
& toute la cheualerie fut cõduit
le baron, & fes efcuyers. Tãdis
qu'ils s'en alloyent commencer
guerre le Roy qui mout les aymoit vint à l'hoftel du bourgeois.
Delphins , fi n'y tindrent autres
parolles que du pauure perdu
qui s'en alloit tant penfant à s'a-
mye que riens pour lors n'euft
efté fi fort que à chef n'en fuft

venu, & de l'honneur que chacun luy faifoit , ce n'eftoit pas
raifon , car à plufieurs donnoit
l'accollee de cheualerie bonnes
armes, & deftriers , aux autres fa
liuree grife, & verté, & plus
aymoit ceux qui prenoient fes
dons que ceux qui en faifoyent
refus. Tout le monde prenoit
grande refiouyffance d'auoir cõ-
quis vn feigneur de fi haut pris,
mais peu leur tournoit à fafche-
rie que ne fçauoient le lignage
dont il eftoit yffu, car veu le courage qui en luy repofoit bien
monftroit qu'il fuft de noble
maifon.

Ource que souuent on ne void commencer vne besongne sans sçauoir quelle fin en aduiendra le Roy Candobras ne voulut faillir de Colcastro auant qu'estre certain ce Philippes, & ses gens luy preparoient paix ou la guerre. Et pour ce faire enuoya à Phelipope vn espie qui vid tout l'estat du Roy, & du pauure perdu mais du conseil qu'ils traitoient n'en peut riens sçauoir. A tant s'en retourna à son seigneur qui tost apres qu'il apperceut fist venir tous ses escuyers pour ouyr tout ce que l'espie racompteroit. Amy luy dist Candobras le Roy Philippes à il si grosse armee qu'il osast attendre en châp de combat.

Sire toute leur esperance est pour vous ne reculler comme verrez quant viendra à l'eschoq. car leur secours est fortifié de de traize escuyes, & d'vn baron nommé pauure perdu.

Lequel à donné l'accollee de cheualerie à plusieurs, auec armes & d'estriers & aux dames, de la contree s'est monstré si gratieux que gueres n'a seiourné qu'il nait veu Romanaple.

Et dict chacun que ià leur amour est ensemble confermee, si qu'on le tient pour seigneur de la court.

Candobras d'ouyr telles nouuelles pourpensa trahyson ou vengeance côtre le pauure perdu, & sa gent, mais fortune qui bien preparoit le contraire fist que auttement en aduint.

A tant commanda à ses cheualiers que l'endemain allassent auant courir, & donner quelque escarmouche côtre le roy Philippes, pour voir sils pourroient faire rencôtre qui leur tournast à honneur.

Et si fortune estoit pour eux tellement qu'ils peussent prendre le pauure perdu sans le mettre à mort l'amenassent pour luy faire comter son estat de viure, car il ne pouuoit croyre qu'il ne fut de noble lignage.

Les barons Candobras desirâs faire le vouloir de leur maistre firent que en peu d'heure le l'endemain quât le soleil fut leué ils se missent en armes, puis delibererent cheuaucher legerement vers Phelipope, ou quant furent arriuez donnerent tel assaut que toute la cité fut estourdye.

Et assez tost eussent emporté la
victóire se ne fut le pauure perdu
qui vint aduertir le prince Risus
& ses compagnons pour prendre
les armes. Et en ceste diligence
grandement leur fit profit Delphins le bourgeois, car il les ar-
ma de to⁹ harnois cheualeureux,
de d'estriers plus legers que le
vent. Leurs escus estoyent tous
d'or brun, & en chacun auoit vn
Lyon rampant.

Vand le pauure per-
du fut armé & mon-
té à cheual, on luy
apporta sa bannyere
ou estoit vn Lyon es-
leué d'orfauerie. A tant Leodis
luy demanda. Sire qu'elle enseigne cryerons nous, afin que ensemble nous puissions rallier &
que nostre gent soit cogneuë. A
ce luy respondit que l'on cryast
l'enseigne, l'enseigne perduë,
Mais quand il se remembra de la
pucelle,

pucelle, luy fut aduis que pour
le meilux l'enseigne nouuelle e-
stoit de crier. De ceste oppinion
fut Leodis disāt que choses nouuelles sont plus à priser que les
perdües. Lors pour monstrer
qu'il auoit courage vaillant voulut estre le porteur de l'enseigne
De la Cité cent cheualiers de
haut pris, qui tenoyent le pauure perdu pour seigneur sortirēt
iusques à vne plaine, ou attendi-
rent Damyan le seneschal, & autres escuyers. Quant furent assē-
blez, penserent de cheuaucher
hastiuement apres ceux de Hongrie, afin de recouurer la proye
qu'ils emmenoyent, & tant firent
qu'ils les apperçeurent d'assez
pres pour liurer assaut. Adonc
des deux pars la huee & le cry
commencerent si que en peu
d'heure ferirent l'vn l'autre de
telle escousse que maints cheualiers estoyent contraints vider
les selles. Le pauure perdu pour
donner hardiment à sa Cheualerie, crioit souuent l'enseigne
nouuelle demeure victorieuse.
Et comme le plus desirant de cō-
querre pris & hōneur, tousiours
adressoit ses coups sur les plus
vaillans, Et celuy qui premier
sçeut comment il ferissoit de lā-
ces fut Inidian, qui de par Candobras tenoit Caleastro, mais
auant qu'il fut nauré brocha son
palefroy de telle guise que au
    Florimont.

couurir adressa le fer de sa lance,
& si appoint qu'il la brise sur le
Lyon du pauure pe du, mais ce
coup luy fut plus contraire que
à profit, Car le vaillant escuyer
le ferit de tel escocq que sō escu
ne le peut garantir, que il ne luy
desrompit son hauber & luy mit
le fer trenchans dedans le corps
si que de la selle le fit à terre voler. De ce coup Inidian se trouua
tant estourdy que fut contrainct
cryer l'enseigne nouuelle, afin
que il peut eschapper sans receuoir mort. Ce faict le pauure
perdu ne se arresta, ainçois vint
ferir vn Cheualier par telle roydeur, que mort le fist du cheual
tresbucher. Puis sur vn autre sa
lance brise. Et mist la main en
son espee, dont en ferissoit par
horions si merueilleux, que par
tout la ou il passoit l'herbe estoit
vermeille de sang. De sa vaillance chacun prenoit vigueur. Et
mesmement le seneschal s'en
maintenoit si hardy, qu'l presentoit la iouste au plus vaillant
de ses aduersaires. De la part
Candobras estoit vn cheualier
nommé Dam, qui en la presence d'Amyans ferit vn des compagnons au plus pres de l'escu que
tout luy froissa, le haubert luy
demailla & tellement desrompit
que le fer luy mit au parfond du
cœur tant qu'il l'abat mort, dont
le seneschal en eut dueil duremēt
          G

que par vertu picqué son d'e-
strier vers le Duc Gelfus natif
D'almaigne pour en faire lavengeance. Et telle fut la meslee de
eux deux, que à l'approcher se
donnerent si grans coups que les
cheuaux furent contraints leur
acropir, & eux cheoir sur le
dos, mais côme legers, & plains
de proesse ne firent long seiour
du releuer, puis chacun cria son
enseigne pour recouurer ayde.
Et tellement commença la bataille que d'Amyäs fut despourueu de cheual. Risus prince vaillant s'adressa vers Sarrus son ennemy, qui si bien se deffendit
qu'en peu de temps briserent lá-
ces & escus, ságles de pallefroys
rompirent, & donnerent tels
coups d'allumelles que l'vn ne
l'autre tenit pour recreant. A la
rescousse vindrent tous ceux qui
tenoient leur party. Et le pauure perdu qui estoit sur les rencs
pour reconforter sa barónie recouurit vne lance, dont il vint
ferir vn cheualier par si grande
vertu que le haubert luy destré-
cha, & mist le fer en la poitrine,
tant que la mort luy fist sentir.
Puis luy osta le destrier du seneschal d'Amyans. Apres se retira en
la presse où estoit detenu le prince. Et tant y fist de faits d'armes
que chacun le doutoit.

Et Risus deliura vaillamment
du peril de mort.

Tant fut la bataille maintenué
des deux pars qu'assez y eut de
ioustes faites, lances rompnés,
& haubers brisez de par le pauure perdu, qui en son poing tenoit l'espee tainte de sang vermeil, & ne queroit que les greigneurs pressez pour tousiours
les gens Candobras assoiblir.

❧ Commont les cheualiers Candobras pourpenserent de prendre la fuitte iusques à Calocastre. Et de la la deffaite qui en fut sur le pont.

LEs barons du Roy de
Hongrie se trouuerent
si estonnez quand vitét
que la victoire perdoiét
que entre eux pourpenserent de
vuider la place. Car desia yma-
dian & plusieurs autres de leur
part estoient morts, naurez ou
prins par la vaillance du pauure
perdu, qui estoit si riche de courage, & de vertu garny, que tous
les auoit mallement atournez.
Et pour mieux euiter ce peril
Meleans dist au prince de leur
ost. Sire ie voy que nous auons
le pis du tournoyement, & que
le pauure perdu à mis à descon-

siture la plus part de noſtre armee, deuant que ſoyons vaincus
penſons de nous mettre en la
voye , & la ſur le pont ferons
pouruoyance pour deffendre le
chaſteau , & noſtre ſeigneur Li-
gnans prince de l'armee. Candobras fiſt crier ſon enſeigne afin
que le reſte de ſes gens ſe raliaſt,
puis s'en alla vers vers Caloca-
ſtre , penſant que mieux luy en
aduiendroit , mais le vaillant
pauure perdu conuoitoit n'en
laiſſer pas reſchapper vn ſeul.
Aſſez toſt crie l'enſeigne nouuelle , & diſt au ſeneſchal que
leurs aduerſaires ne pourroient
plus les coups ſouffrir.

Et que gueres ne falloit pour
tous les mettre à outrance.

A tant les ſuyuit ſi diligemmēt
que aupres du pont le pauure
perdu vid Melean, ſi le ferit d'vn
eſpieu au plus haut de ſon eſcu
que à terre l'abat comme mort.
Et chacun traicta ſon ennemy ſi
mallement que en peu d'eſpace
le Roy Candobras perdit moult
de cheualiers, toutesfois Narōs,
Meleans , & Gelfus ſi naurez
qu'ils eſtoient trouuerent moyē
de paſſer outre le pont, & s'en
vindrent pour compter au Roy
cōment la victoire n'eſtoit pour
eux , mais Candobras eut de ce
tel dueil que quant les apperceut
à eux parla rigoureuſement.

Seigneurs aſſez petit deuez
priſer, & aymer voſtre cheualerie quand vn nouueau cheualier
vous à tous mys à recreance.

Pour vous i'ay perdu mes gens
& ceux de ma cheualerie , qui
oncques ne furēt vaincus par
Roy, conte ne duc : ſont maintenant hors de la vie humaine.

Sire reſpond Meleans les cheualiers ſont pres de ce logis que
tout à temps les pourrez recouurer ſi voulez à eux faire bataille. Le prince perdu eſtant demouré ſur le pont auec toute ſa
compagnie demanda à d'Amyan
s'il eſtoit beſoing mander au roy
qu'il enuoyaſt ſecours pour plus
legerement aſsieger le chaſteau.
Beau ſire diſt le ſeneſchal maintenant ne pourrons le chaſteau
aſsieger, car pour vray vne eſpie
ma dit depuis vn peu que grand
nombre de cheualiers viennent
de Hongrie pour ſecourir Candobras. Par tant ſi voulez croyre mon conſeil nous yrons en la
cité, & emmenerons les priſonniers auecques nos barons , &
butins.

Le ſeigneur ne voulut deſdire
d'Amyan, à tant ſe mirent à chemin, & quant approcherent de
la cité le prince Riſus vint en la
prairie pour voir le pauure perdu, & les quinze priſonniers que
ils emmenoient. Et quant les eut
veus le ſeigneur commença à
parler premierement au prince.

Sire graces & mercy vous rends
des biens & honneurs que par a-
mour m'auez faicts, & pource
que seruice ne doit demourer
sans quelque remuneration, ie
vous octroye les prisonniers à
en faire ce que bon vous sem-
blera. Sire respondit Risis tous
les biens que i'ay pouuez comme
les voltres facilement despendre, & les prisonniers rendre
ou dōner selon voltre bon plaisir, & pource que celuy ne pert
pas son seruice qui le met enuers
vous ie mē repens que mieux
ne vous ay seruy, car ie iour que
mon cheual recouuraltes, vous
fustes cause que fus de prison deliuré, dont vous rēds telle graces que peut au cas appartenir.

E retour du pauure per-
du fut sceu par la cité,
dont les bourgeois se
mirent en ordre pour
aller au deuant, & en-
tre eux Delphins estoit le premier à qui l'escuyer parla. Holte
venez auant & prenez les prisō-
niers, harnois, d'estriers & tous

biens que auons aquis contre la
baronnie du sire Candobras, &
à tousiours faictes comme si c'e-
stoit voltre propre, car ie suis à
vous tenu en grās deniers. L'hoste Delphins chemina vers les
prisons ou eut cognoissance des
cheualiers car autresfois les a-
uoit veus en hongrie quant il y
alloit en marchandise querre, ce
faict s'en retourna vers l'escuyer
& luy dist qu'il n'estoit ia besoin
qu'il eut tous les cheualiers ainçois se tiendroit content d'en a-
uoir sept, selon le mien iugemēt
il est de raison que rendiez Inidian duc de Hongrie, au roy philippe, pour en ordonner ce qu'il
luy plairoit. Le pauure perdu
voulant consentir au iugement
du bourgeois, enuoye Inidian
vers le roy. Quant les habitans
virent le cheualier faisant tout à
la guise de delphins, penserent
que faire seruice à tel homme ne
demourroit sans recompense. Et
bien monstra le cheualier perdu
que vn cheualier venant dehors
pais deuoit acquerir l'amour du
monde pour donner & despendre car tous les compagnons de
l'armee pour leur departir les ac-
quistes, puis firent leur entree en
la ville, ou quant se furent d'e-
sarmez & reposez, Cacopedie
son seigneur arraisonna. Sire ou
auez mis ce que conquistes par
armes. A celuy fit responce com-

ment il auoit ordonné. Ces parolles trouua le prince R.fus à fi
grand refiouyffance, que de plus
viure fans fçauoir leurs noms
poffible ne luy fut, & pour plus
fecrettement l'interroguer s'en
alla en vne chambre accompagné du pauure perdu feulement,
ou gueres ne furét que par douceur commence à luy dire. Seigneur l'amour de moy enuers
vous me contrainct parler d'vn
affaire ou ie ne penfe villennie
ne vergongne. Parquoy vous
plaira ne me vouloir efconduire
en ce que veux fçauoir de vous.
Sire refpondit le pauure perdu.
Riens n'eft en ce monde mortel
fi difficille, que pour vous ne mi-
fe à fin fi poffible m'eftoit. Or me
dictes faict Rifus voftre droict
nom, le fignage dont eftes, enfemble celuy de Cacopedie que
tant aymez. De telle requefte fut
fi dolent le cheualier que de fou-
pirer ne fe peut tenir. Ce nonob-
ftât ne voulut faucer fa promef-
fe fi dift. Puis que mon nom voulez fçauoir, foyez pour affeuré
que deuant vous eft Florimont,
& celuy qui vous mefmes fans le
cuyder demandaftes au port & à
qui la mort eftoit plus prochai-
ne que la vie pour l'amour de la
dame de l'ifle celee. Et ceftuy
Cacopedie eft maiftre Flocard
duquel autresfois auez ouy parler qui ma nourry & tant aymé

en ma ieuneffe que tout à mis à
non challoir pour toufiours me
conduyre ou fortune adreffer
me voudroit. Quand Rifus entendit que c'eftoit Florimont le
cœur luy commença à groffir &
de fes yeux l'armes tomber fi ha-
bondamment que de dueil vou-
fift mort endurer. Si dift. Helas
fire bien me tenois defpourueu
d'entendement & mal aduis oc-
cupoit mon penfer quant vinftes
pour prédre cognoiffance en ma
nef, veu que fi pauurement fuftes ce moy recueilly. Ie vous
prie receuez mon hommage, car
à vous à iamais me veux donner
& rendre. Florimont prendre ne
le veut, ainçois de pitié fes yeux
furét de l'armes arroufez, & puis
parla. Seigneur bien môftres que
voftre feruice eft à chacun agreable, comme moy mefmes tef-
moigner ie le puis, car par vous
fuis venu de mort à vie, & de
trifteffe à grât foulas. Et de vous
en rendre guerdô ie ne puis, fors
que mon corps pouuez védre ou
engager, mais d'vne chofe vous
veux prier. C'eft que à nully re-
uellez le nom que ie porte, car
ie ne veux eftre cogneu en ce
païs iufques à ce que i'ayè plus
prins ou perdu fur Cádobras que
ie n'ay pour le prefent. Tandis
que Rifus luy creança ne dire ce
dont l'auoit prié, vint à eux vn
cheualier enuoyé de par le Roy

qui les emmena au palais, ou
quand furent arriuez Philippes
ne se pouuoit lasser de leur porter honneur. A tant les requist
de disner à sa table, & la pucelle si trouueroit, ce que les barós
ne refuserent, mais auant les na-
pes mises allerent en la chambre
de Romanaple à qui le Roy dist.

Fille icy present est le pauure
perdu vostre amy, lequel emme-
nerez auec vous sans luy dire
vostre pensee.

De ces nouuelles le cœur luy
commença à trembler, si que bié
eust voulu nully estre en leur
compagnie afin que de baiser, &
accoller eust employé partie de
son temps, & si fort sa ieunesse
estoit d'amours saisie que soubs
vn rideau de soye fist asseoir son
amy lequel la trouua mout d'e-
strange maniere, car pensee feu
d'amours le corps luy ardoit sans
donner flambe qui est parolle,
& si elle parloit ses propos mal
se maintenoient dont le pauure
perdu pour luy oster ceste contenance ne sçeut qu'il estoit de
faire, fors qu'il parla.

Dame ie suis pour vous seruir
venu de mon pays en ceste terre
pour nous donner secours à vostre pere auquel ne demande richesses quelconques, fors que
me vouliez retenir ou commander aucune chose volótiers l'ac-
compliray.

Sire respond la pucelle, se vous
estes venu pour moy c'est plus
tost à perte que à profit, car ie
suis simple Damoiselle qui n'ay
puissance d'ayder aux barons,
mais ie sçay pour vray que si au
Roy faites seruice il ne le mettra
en oubly.

Amye ie ne vous requiers fors sinon l'vsage de seruiteurs qui deuant se mettre à seruitude doyuent sçauoir son les veut retenir.
Quand Romanadaple entendit
les parolles du cheualier estre
humble volontiers l'eust baisé
si loysir luy fut, mais elle pensa
que à blasme luy tourneroit &
au cheualier à ennuy si vne pucelle faisoit en la presence de son
pere d'vn simple escuyer acointance, toutesfois si peu luy de-
plaisoit voir son amy qui luy sé-
bla n'auoir esté ensemble l'espace d'vne heure. Et Florimont eut
telle tristesse qu'il trouua la
guerre de son departement estre
plus cruelle que celle de Cau-
dobras.

Comment la pucelle se complaignoit
en diuerses manieres, & des
regrets que ceste nuict fist

 Asache que souuent
on se trouue tanné
de faire vne seule
besongne, la pucelle
toutesfois ne ce fust
ennuyee de penser à Florimont
celle eut ses menus plaisirs, mais
pource que ne luy fut possible
accomplir le desir d'amours tant
pensoit à son amour nouuel que
iour & nuict n'auoit soulas, &
disoit souuent. Helas dure fortune maintenāt ta raison est outre mon gré, veu que l'amour
d'vn homme estrange est en moy
enracinee sans que ie sache dont
il est. Certes mon cœur seroit à
despriser si de luy m'eslongner
pouuois. Or voy ie bien que a-
mours me tient pour folle quant
elle veut que prenne alliance
d'vn nommé pauure perdu qui
seroit à moy trop despriser mon
lignage si prenois seigneur de
plus bas estat que ne suis. Quand
la pucelle eut ce dit, le cœur cō-
mença luy souspirer & si fort
l'eust estrainct que par trois fois
se pasma, au reuenir de pasmoyson elle mesmes print à blamer
sa langue, disant. Langue folle
pour les parlers que tu as mis au
vent iamais de moy aymé ne se-
ras, Ains doit la bouche estre
haye à qui tu faicts atouchement
Ce nonobstāt ma maistresse vne
fois me dist que vrays amans pas
ne choisissent pourtant s'il est de

lignage petit, pauure de terre,
& d'auoir, si n'est il pas à douter,
veu que pour los, pris & honneur conquerre c'est embatu en
ceste contree. Pource dis ie que
par election & selon la verité
meilleure n'eusse peu choisir, &
m'est aduis que i'ay faict œuures
qui plus me plaisent que à nul
autre.

Certes bien fus mal pourueuë
de conseil quant me requist pour
seruiteur & riens ne luy voulus
accorder.

La pucelle fit tant de regrets
que sa maistresse luy demanda ou
ce mal auoit pris que son visage
tenoit en couleur pale. Et celle
luy disoit la verité bien luy con-
seilleroit sur ceste affaire, Car
de telle blesseure autresfois a-
uoit sentu les douleurs.

Dame respondit la pucelle autresfois mauez leu es aucteurs
que contre amours n'a point de
force. Vray est dist Cypriane,
mais tu dois aymer sagement
cheualier dont tu pourras auoir
honneur, non pas celuy pauure
perdu seulement pour son nom
hayr.

Maistresse ie luy dois de mon
amour departir par dessus tous.
Car ie croy qu'il ait perdu sa
mye, mais si ie puis auoir l'espace trouueray le moyen que lauras recouuerte.

Car pis est douce la nouuelle eau
d'vne petite fontaine pour boyre contre chaleur, que n'est celle des grandes riuieres qui court.
si roydement que d'en boyre
plusieurs gens s'en trouuent mal
Cypriane dist. Amye tu responds
mout subtillement & voy bien
qu'il n'est possible te garder que
le pauure perdu ne soit seigneur
de ton amour. Et a dommage t'en
viendra se vne fois ton pere ou
la duchesse ta mere en sont aduertis. Mout me dictes estranges
nouuelles maistresse & bien e-
stes despourueuë desprit de penser que mon courage se muast
pour le vouloir d'vn autre. Et
bien sçauez que se vn roy m'auoit
emmenee, assez tost oublyroit
ma beauté & ma noblesse pour
mettre só cœur à richesses amasser. Or de m'en parler ie vous
prie que ce ne soit iamais, car
mon amour est au pauure perdu,
& d'oresnauant seray s'amye si
que de brief ne viénent pour me
emmener ie m'en yray auecques
luy. Et du dommage que m'en aduiendra ie le prendray en patien-
ce, car soubs luy mieux aymerois viure en langueur que sous
vn autre viure en repos. Cypriane voyant sa disciple ardoir en la
flambe d'amours, ne sçeut que
luy conseiller, sinon qu'elle s'en
allast prendre repos. Et que le
matin pourroit sçauoir ce quelle
auoit en volonté de faire. A tant
prindrent congé l'vne de l'autre
& la pucelle s'alla coucher, mais
ce ne fut pour dormir. Car la faute qu'elle auoit de ses deduicts
luy donnoyent soupirs & pleurs
& si peu d'arrest que en soy mesmes se plaignoit. Romanadaple
pourquoy te laisse dieu sur terre
veu que si tu mourois ce ne seroit merueilles, car ton cœur te
appareille la mort pour celuy
en qui l'as posé, duquel tu aurois
volontiers la veue pour luy declarer qu'elle raison te tient en
la rage d'amours. Et i sachie que
le tient cœur doit faire ton seruice apres ta mort, Toutesfois
ie ne le dois tenir à desdaing,
mais amours que de tout mon
mal est cause. Or maintenant qui
me voudra faire droicture & les
silabes de mon nom tourner. On
trouuera, plaine d'amours, vn
nom plus à moy conuenable que
à creature viuant. Ce nonobstát
si mon cœur cœur est de douleur
esprins, & que pour aymer en
grand peine ie vis, d'en blasmer
le mien cœur certes seroit à tort
car amours tout ce dueil me
procure, pour prendre de moy
cruelle vengeance. La pucelle
faisant regrets comme vous auez
ouy passa la plus part de la nuict
mais aucunesfois comme aduenture le vouloit prenoit vn peu
de repos ou mout se delectoit,
car

car en fongeant luy eftoit aduis
qu'elle baifoit par fi grand force,
& eftraignoit le pauure perdu
amy, qui à l'efueiller trouuoit
fes bras croifez. Et quand apperceuoit qu'il n'eftoit entre fes
bras & fes tendres mammelles,
de foufpirer quafi fe rendoit cō-
me morte fans auoir aucun foulas, que de baifer fa main plus de
trente foys, pourtant qu'il auoit
tenuë, tant fut par amours de-
menee de trifteffe que fauf l'aube du iour fe pafma. Et la maiftreffe c'eft leuee, & aornee de
fes veftemens, puis vint au lict
de la pucelle pour fçauoir s'elle
dormoit, mais d'elle ne fçeut a-
uoir parolles. Cypriane voyant
la fortune qui aduenoit fe toft
l'on n'y mettoit remede, s'en alla vers la royne pour luy comter que fa fille eftoit gifant au
lict comme morte. La royne
d'ouyr celle nouuelle print fi
grand defconfort que fans robe
fors vn manteau, s'en alla vers la
pucelle. Et deuant le lict fage-
nouilla pour luy pofer la main
fur fa poictrine, qu'elle trouua
toute mate pource que n'eftoit
pas reuenue de pafmoyfon.

A mere prenoit fi grā-
desplaifir de voir la fille en tel eftat, que cel-
le eut efté naurée d'a-
mours leurs douleurs
euffent efté femblables. Lors
tout agenouillee commença la
pucelle à raifonner. Amye ou-
urez les yeux fi pouuez & à moy
parlez s'il vous plaift, affin que
deuant la mort ayez de moy cognoiffance. Romanadaple bien
entend en fon cœur qui luy commença à fauteller & fremir, que
c'eftoit aucun de fes amis. A tant
fe print à tourner fon vifage vers
la ducheffe, que quant l'eut veue
fi defcoulouree & en muables
parolles, luy demanda, qu'elle
eftoit fa maladie, & celle l'auoit
hors ou dedans. Dame ie l'ay par
tout le corps. Certes ma fille ie
fuis en doubte que cefte cruelle
vainneté ne vous tiéne d'amours
des lors que viftes le cheualier
pauure perdu, car depuis ne vous
vis vn feul iour en fanté. Mère
trop feroit le monde fortuné fi
tous qui font d'amours attains
auoyent mal, parquoy ne puis
fçauoir ou vos parolles preten-
dent veu que plufieurs maladies
font autres que celles d'amans,
vous dictes vray refpondit la dame, Mais qui de vous auroit la
veue, bien cognoiftroit que na-
uez douleur, fors que aymez vn
vaffal pauure d'auoir, & de terre

H

qui est venu pour le Roy secourir. Certes ma fille de prendre
hôme de pauure estat. C'est trop
vostre lignage abaissé, veu que
autresfois Candobras Roy de
Hongrie ne demádoit amye que
vous le vostre pere l'eust côfen-
tu. Dame fait elle de l'amour
Cálobras pas ne me plains, mais
à ce que dictes, ie vous respons
qu'amours si peu garde sens, &
mesure que en elle elle n'a point
dilection. Et deuez sçauoir que
point n'a cure se ceux quelle na-
ure de son d'ard sont de haut ou
petit lignage descendus, toutesfois dame ces parolle pour moy
ne dis pourtant que mon courage est d'aymer noblesse tant
que mort me viendra querre,
Mais i'ay maintesfois leu, &
trouué aux Rommás qu'amours
ne sera bien seruie ou richesses
sont des deux pars, car si deux a-
mans sont pareils chacun prent
orgueil par courage, si qu'en la
fin leur amour se part, & se tourne à ennuy. Or de bas & haut il
me semble que l'amour mieux se
côuient, car se vn seul à seigneurie l'autre vers luy aura tant
d'humilité, & si doucement le
seruira, que tous deux seront
seigneurs de ioye. Et de mettre
richesse sur richesse, amours ne
luy en veut nul gré & n'en prent
vigueur quelconque, non plus
que fait la mer de receuoir les
eaües des douces riuieres. Quant
la royne eut tout ce escouté, bié
se pensa quelle disoit pour le
pauure perdu, si ne peut demourer sans luy dire. Fille selon qu'il
me semble nul ne peut d'amours
parler s'il n'en à sentu les douleurs. Et à ce coup ie pense ou en-
tends, si tu auois ie pauure perdu auec toy seul à seul dedans vn
lict mout petit tu priserois qui
deuroit mourir ou viure. Dame
dist la pucelle, tout ainsi que celuy qui pourroit porter-feu dedans son sein sans flambe rendre
grandement à priser seroit, &
aussi seroye fille tenue de grand
valeur si le mal qui me fait lan-
guir pouuoye courir ou celer,
mais ne sçay dont me vient celle
tristesse veu que à amours oncques ie ne fis tort. Adonc la royne se depart, laissa la pucelle
lasse & desplouree, car le cœur
luy failloit quand il ouyt nommer le pauure perdu, lequel tant
en l'amour de sa dame se delectoit qu'vn iour s'en alla resiouyr auec son hoste Delphins
qui doucement sur ses pensees
l'arraisonna.

Sire dictes moy par amours
qui est cause que vous rends pé-
sif depuis vn an que demouraftes
en ceste terre.

Hoste dist l'escuyer c'est vne
naureure que i'ay si parfonde en
mon cœur que n'en puis auoir

santé fors par celuy qui me blef-
fa. Par ma foy fire, dift le bourgeois , il m'eft aduis que celuy
duquel fuftes nauré n'ayme tant
voftre vie qu'il vous daignaft
medecine ordonner, parquoy ie
vous requiers me monftrer le
lieu de la playe, afin que la douleur ie puiffe faire amoindrir.
Amy dift le barõ la bleffure n'eft
pas ouuerte, dont durement mõ
cœur eft par deftreffe deftruiét
ſi que tout le corps fonuentes-
fois m'en fremift & remue.

Ant parlerent enfem-
ble le pauure perdu, &
ſon hofte que feparer
leur connint, & s'en al-
la Delphins prendre refiouyſſã-
ce auecques les cheualiers de la
court, & le pauure perdu ſe reti-
ɡa en ſa châbrette, ou ſur vn liét

se coucha faisant telles cõplain-
tes douloureuses. Helas dont
m'est venu tel hardiment d'auoir
aymé fille royalle. Amours tu
n'aymes pas droicture veu que
m'auois en mon pays longuement prins & detenu pour la dame de l'isle celee, & maintenant
renouuelles les peines dont ie
pensois estre eschappé. Helas ie
me suis gardé si malement que a-
mours me tient en ses lacs sans
auoir plaisir ne ioye. Dame venus se me tenez sans compagnon
en vos prisons mourir conuient.
Ha cupido tu soulois deux à deux
prendre les amans, & leur rendre quelque guerdõ, mais maintenant tu faicts s'il mourir qui
vouloit estre tõ seruiteur. Mourir certes ie ne l'ay desserui. Ains
si ne me ferois tord ie viurois en
liberté royalle. Helas ie mesba-
hys comment sur moy sans nulle
cause tu tends tes regrets pour
proye prendre. Haa amours tu
ma mis souuentesfois au nombre
de tes amys, & à present pour
quoy me veux destruire, ne sçaiz
tu pas qu'il est fol detenu qui son
amy met hors de ioyeuseté.

Or ie te prie me vouloir estre
gracieux, Car iamais celle que
i'ayme tant seruiray que celle e-
stoit de petit parage, bien tost
luy dirois ma pensee.

Tandis que le pauure perdu se
douloussoit Delphins à luy est
venu dire. Sire leuez vous car les
Princes & cheualiers sont venus
de l'esbat qui vous demandent.
Bel hoste faict il, ie n'y puis aller, car ie suis en vn peril de
mort pour vne douleur qui le
cœur me poinct.

Voulez vous dit Delphins que
ie cerche le medecin pour vostre
santé recouurer.

Amy faict le cheualier nul n'y
peut donner remede fors vn que
recouurer ne puis. De ceste der-
niere parolle le bourgeois commença à apperceuoir que d'a-
mours procedoit ceste nature, &
si l'interrogea ou fut prins le mal
qu'il sentoit, mais du cheualier
luy fut impossible d'en sçauoir
quelque chose dont delphins
plus pensa que par deuant que
hautement il aymoit, si luy dist.
Sire ie sçay sans mentir que futes
feru au palais en la chambre de
la Royne, du coup qui tant de
mal vous faict, mais ce ne fut de
bastõ ne d'espee, ainçois amours
l'accollee vous donna, dont la
douleur auez au corps sans que
au dehors y ayt apperceuance de
blesseure.

Or mon seigneur si vous aymez
en telle guyse vous entreprenez
folle amour, car si le Roy estoit
aduerty que eussiez vouloir de
Romanadaple aymer, assez tost
perdriez la vie, & pour au-

tant si me voulez croire, & pour
euiter dommage vostre courage changerez. Quant le pauure
perdu entendit nommer celle
que plus il aymoit, souspirs si le
vindrent assaillir si durement
qu'en son lict se pasma comme
mort. De ceste mal aduenture
Delphins tant se desconforta
que bien eust voulu la pucelle
morte Sire, dist il au damoiseau.
Sire pour Dieu parlez à moy,
Car si voulez à vostre amie pour
peine ne dõmage qui m'en puisse aduenir, ie iray faire vostre
message. Le cheualier bien l'entendit en son cœur que de s'amie
on auoit parlé, en souspirant ouurit les yeux pour regarder delphins à qui il parla. Hoste pource que tenez ma mort, & ma
vie, à vous des ceste heure ie me
rends, or pensez de moy si me
voulez faire plaisir. Sire dit Delphins pour vous i'en feray mon
pouuoir, mais si le roy en est aduerty, l'vn ne peut l'autre guarantir de mort. Bourgeois fait
le pauure perdu. Amours qui ses
gens garde de dommage en ceste besongne sera vostre garand,
si qu'en pourrez eschapper, cõ-
me ambassadeurs des princes qui
combien qu'ils portent lettres
pour guerre ou autre chose signifier, si les void on toutesfois
faire leur retour, sans dommage
n'y profit auoir.

Vers qu'ils tenoyent tels propos Cacopedie fut aduerty que
sõ disciple estoit de santé. Si s'en
vint tout droit au lict, ou luy racompta de son mal la verité, disant que par nul n'en pouuoit
estre guary fors par Delphins qui
estoit si priué du Roy, & de la
Royne que facillemét pourroit
parler à s'amye. Or monseigneur
leuez vous, & allez bellement
danser entre les autres, car se
malle bouche ou vieilles femmes qui n'ont plus cure d'aymer
s'apperçoyuent de vos manieres
bien tost vous en pourroyent
gaber, & deceuoir. Bien sçauez
quant vne femme pert sa beauté
par vieillesse ou autrement si
que plus d'aymer on ne la requiert en son cœur pose telles
douleurs quelle ne quiert fors
nuyre à ieune dame qui veut aymer. Pourtant quant serez en la
compagnie des barons ne faites
semblant d'estre morne ne pensif. Bel amy dist le cheualier mõ
cœur est si prins de tristesse que
ne puis riens contre amours qui
me suyt par tous lieux ou ie vois.
Sire respond Cacopedie, s'il est
pour fol tenu qui ne sçait celer
ou couurir l'amour qu'il à enuers
s'amye, tant que par messages ou
luy mesmes luy ayt son courage
declaré, car tout ainsi qu'vne
chandelle ardáte ne meurt iusques à la fin sans estre mise au

vent. Amours dure sans prendre fin qui bien se sçait garder de parler. Delphins, & Cacopedie firent tant que le chenalier emmenerent iouer auec les barons, & pour le reconforter oncques le maistre ne l'abandonna, mais Delphins qui riens ne desiroit fors luy faire seruice, souuent apportoit nouuelles de la damoyselle. Et en tout ce ne prenoit graude resiouyssance le pauure perdu pourtāt qu'il eut voulu en brief temps prendre soulas d'amours auec elle, toutesfois tant alla secrettement & vint le bourgeoys que les deux parties sçauoyent la verité de leur amour, que depuis fut si bien celee & courtoysement maintenuë que nul deux n'y eut dommage ne vergongne.

LA pucelle estant en sa chambre comme vraye amye auoit en son cœur l'arbre d'amours planté qui luy eut transmué ses douleurs en liesse ce vne fois en eut donné du fruict à son amy. Le pauure perdu pour lequel elle estoit plus loing de viure que mourir. Atant vint Cypriane pour la reconforter & luy pria parler à elle. Maistresse dit la pucelle le parler m'est deffēdu pourtant que dueil & tristesse me preparent la mort, si de bref n'ay celuy q̃ desire & de viure ne demande plus vn seul iour. Damoyselle faict Cypriane pouuez vous mort eschapper si de l'amener ie trouue la façon. Certes ouy & sans vergongne allez luy dire que amours me tient si desuoyément en son escolle que volontiers quant ie suis seule soit en dormant ou en reueil, ie dis maintenant mon amy baiserois si le tenois entre mes bras. Pucelle dist Cypriane la pitié que i'ay de vous me contrainct faire vostre commandement, mais premier que ie l'amaine me creācerez qu'en vous ne sera faict folye, outrage, ne vilanie, fors de baiser & accoller. Quand la pucelle ouyt ce afin que bien tost ses douleurs amoindrissent fut appareillee de iurer par les dieux & sa foy que le chenalier n'auroit d'elle, ne elle de luy, fors embrassemens & baisers, si sa maistresse ne luy donnoit congé d'en faire plus. Cypriane pensāt que mieux vaut souffrir pour auoir ioye que toſt ſe haſter pour à touſiours viure en douleur ne voulut faire ceſte beſongne ſans prendre côſeil de quelqu'vn, & pource diſt. Fille ie penſe demâder à Delphins l'hoſte de voſtre amy qu'il apporte riches draps à reueſtir vos Damoyſelles, & pour luy ayder qu'il charge des draps le pauure perdu comme l'vn des autres ſeruiteurs & deuant le face cheminer iuſques en voſtre chambre, ou legerement deuiſera auec vous ſans que nully en ayt l'apperceuance. Or penſez de vous leuer & ne faictes chere penſiue. La damoyſelle fit le commandement de ſa maiſtreſe, & à ſon leuer luy vint quelque peu de couleur, puis requiſt Cypriane que haſtiuement vouſiſt entremettre de faire ce que elle conſeilloit. A tant fiſt venir vn ſien varlet que elle ennoya deuers Delphins luy declarer ſon courage. Le meſſager fiſt ſi bône diligence qu'en peu d'heure il amena le bourgeois iuſques à l'huis de la chambre. Et Cypriane luy vint ouurir, puis le print par la main dextre, & tout en riât luy ſerra les doigs dont il fut ioyeux, car il cuydoit que ce fut par amours, veu que autresfois auoit eſté d'elle amoureux. Adôc s'en va vers la pucelle qui luy fiſt grand honneur pour l'amour de ſon amy. Puis luy demanda draps de toutes couleurs, pour veſtir les damoyſelles. Cypriane voyât que la pucele ne parloit au bourgeois de ce qu'ils auoyent entreprins penſa qu'en elle du tout s'attendoit. Parquoy le print par le bras, & cheminant par la châbre luy comta toute la beſongne puis le baiſe & accolle au departir, le priant que s'il auoit en volonté de luy faire ſeruice que de tout fiſt ſon pouuoir. Quand Delphins luy eut accordé il eut paour & ioye. Paour pour la fureur du Roy, & ioye de ce que Cypriane luy auoit faict recueil amoureux. Et pource qu'amours faict de couart vn hardy, & d'vn fier humble attrempé & debonnaire. Il entreprint ſur ſes fortunes de faire tout leur bon plaiſir. A tant s'en part.

Et quant fut à ſa maiſon le pauure perdu trouua ſeul qui luy demanda dont eſtoit ſa venuë. Sire ie viens de parler à la fille du roy ou nous conuient retourner, car ſon deſir eſt de parler à vous mais pour mieux faire que perſonne n'en ayt doute il vous conuient aorner de treſpauures habits, & porter ſur vous vne trouſſe de draps comme vn antre ſeruiteur. Ce conſeil plaiſoit tant au cheualier que ſon cœur eſtoit comme tout tranſi de ioye. Lors delphins le chargea comme l'vn des autres, & luy miſt le fil, eſguyl-

le, & inſtrumens de couſturier
dedans les mains pour monſtrer
qu'il ſçauoit quelque choſe. Mais
deuant que partir du logis le
bourgeois diſt à Cacopedie que
ſon demandoit ſon ſeigneur il
leur dōnaſt à entendre qu'il prenoit repos, & que beſoing ne ſeroit de l'eſneiller tant que nous
ſerions de retour. Delphins, &
le pauure perdu qui eſtoit deſ-
guiſé ſe partent, & cheminerent
inſques à la porte du palais ſans
trouuer aduentures, mais quant
venus furent apperceurent le

Roy venant droit à eux dont ils
eurent paour de mort. Quant le
Roy fut venu iuſques à eux il regarda le drap à la clarté, & le
trouua ayant belle couleur ſi
diſt. Varlet deſcharge toy , &
vous Delphins faites que de ce
drap ie puiſſe auoir vne robbe.
De ce commandement le ſeruiteur fut mout eſperdu, & en faignant ſe déſcharger ce que me-
ſtier ne luy fut , Delphins promiſt au Roy que beaucoup de
meilleur auoit en ſa maiſon, &
que ſa fille ſeroit dolente ſe on
luy

luy toloit ce quelle auroit detenu pour la reueſtir. Quant le roy
les eut laiſſez à grand peine, delphins s'en va par grand aleure,
penſant auoir toutes aduentures
eſchappez , mais fortune leur
prepara courroux nouuel, quád
en allant vindrent par deuant
l'huys d'vne cuyſine, & la royne
rencontrerent laquelle quant les
vit demanda ou ils alloyent. Dame faict Delphins ie m'en voys
vers voſtre fille pour luy faire
veſtemens de ce drap. Or allez
diſt la Royne & bien toſt apres
vous iray voir, pour apperceuoir ſe ma fille pourra prendre
reſiouyſſance quant aura robbes
nouuelles. De telles aduentures
Delphins n'auoit eſperance de
eſchapper ſans mort, ſi vint iuſques à la chambre ou il entra, &
la royne ſi roſt comme luy. Mais
de tout c'eſt ennuy ſi peu en cha-
loit au damoyſeau que ſi tout le
monde fut venu pour le domma-
ger bien s'en fut deffendu , & la
pucelle de ſa part eſtoit ſi mar-
rye que mieux eut voulu la mort
de ſa mere que celuy qui les
draps ſouſtenoit, Mais c'eſtoit
choſe non raiſonnable, veu que
elle l'auoit tant aymee en ſon
yiuant & en ſon ventre portee
ſi cherement. Et bien monſtroit
la fille quelle eſtoit mal conſeil-
lee, quant pour celuy à qui elle
eſtoit amye, & qui iamais ne luy

fiſt que ennuy elle ne faiſoit ce
que amour naturel entend, C'eſt
d'honorer & ſes parens ayder
comme ſoy meſmes. Or en fin de
comte telle fut l'aduenture qu'il
vint vn ſeruiteur querir la dame
haſtiuement pour aller au Roy
qu'vne maladie auoit ſoubdaine-
ment ſaiſie. Et la royne dolente
de celle fortune eut ſi grád douleur qu'elle n'euſt cœur viſiter le
drap deuant viſiter ſon ſeigneur.

Vand la Royne
fut partie , Cy-
priane ne de-
moura gueres
ſans la chambre
refermer , puis
Delphins la print à arraiſonner
penſát que par parolles que d'elle pourroit auoir accointance.
Et le pauure perdu s'en alla vers
ſamye qu'il trouua au lict ſeulement de ſa chemiſe veſtuë. Ro-

manadaple de voir son amy fut si
lyee que bien se tenoit pour fer-
uante d'amours, puis que elle a-
uoit les desirs de son cœur. A tant
luy enchargea laisser les sizeaux
qu'il tenoit. Et que aupres d'elle
s'en allast prendre repos, Le pauure perdu peu seiourna pour faire son commandement, si s'en
alla seoir sur la terre pres la dame qui incontinent eut la bataille de dame sapience, & la deesse
d'amours, qui dedans son cœur
faisoyent le greigneur tencemét
qu'on pourroit dire, car sapience luy disoit. Garde bien ton
haut parentage, ne pense te mettre à honte pour la pauureté de
cestuy que tu aymes, Amours luy
disoit, ne la croy pas, car ce à
ellire bas ou haut ta cure mettre
voulois, tu me tollirois ma dô-
ctrine & en fin mal t'en aduiendroit, comme à ceux qui veulent
aymer selon parage, à qui dueil
& vergongne croist. Or pense
que tu feras se ne fais ce que te
dits, car tu sçais que vn pommier
porte de pl' gros fruicts & meilleurs que le plus haut chesne qui
soit en tous les forests du monde. Sapience de loing l'admon-
neste que vne grand mer peut
soustenir greigneurs galleasque
ne faict vn petit ruysseau, Parquoy se veux auoir soing de fuyr
les las de pauureté, tu dois choisir plus riche que s'il à qui tu as
ton courage. Amours luy dit de
l'autre part. Belle fille en la mer
à si peu de foy, que combien
quelle soit clere & saine, si en
tous lieux porte elle amertume,
Et fait si petit de bien sans crainte, & peu de ioye sans douleur
que mourir t'y conuiendroit. Et
par ceste mesme raison peux entendre que si vn Roy de felonneux courage te prent pour a-
mye, auec luy iamais n'auras soulas sans ennuy, Car tousiours te
tiendra en iustice tant pensera
richesses amasser. Parquoy comme il me semble mieux te vaut
auoir ioye de folie que courroux
par sapience, tant que tu vinras.
Amours qui sans fin brusle les
ieune cœurs ne se peut conten-
ter d'auoir tant aduerty la pucelle, ainçois luy recómença à dire
Amye selon mon vsage en la
court d'aymer y à si peu quant
aux richesses que on doit aymer
& prendre ceux qui viennent par
aduenture.

Et pource te ennoye le pauure
perdu, ie te commande le baiser, car se de toy il se depart sans
que tu prengnes aucun desdict
tousiours dueil t'en donnera re-
mords.

La pucelle fut si ioyeuse de tels
admonnestemens amoureux que
elle pensa faire ses menus plaisirs
& disoit souuent en son cœur.
Certes ie sçay qu'il est si sage &

courtois que pour bien ne mal
ne me feroit requefte, car vn
iour paffé il vint à ma chambrette ou me pria que feulement fut
le mien feruiteur. Helas or fçay
ie bien que pour moy en ce pays
eft venu & à plufieurs faict de
grans feruices, mais vne chofe
me efmerueille c'eft que maintenant qu'il à loifir ne demande
recompenfe. Or toutesfois afin
qu'il ne me tourne à blafme s'il
s'en alloit fans gages receuoir
donner luy puis ce qu'il n'ofe
demander en faifant foufpirs.

La pucelle fut fi ioyeufe qu'elle fe tourna vers fon amy, & plus
de cent fois le baife difant. Amy
leuez vous vn peu plus haut, prenez fiege, puis voftre robbe de-
ueftez, car ie ne ferois contente
qu'elle d'euft coucher en mes
draps, Certes vous euffiez efté
bon moyne de cloiftre, car riens
n'euffiez prins fans demander.

Or maintenât que fommes feuls
venez, entre mes bras gefir,
pourtant que ie ne quiers autre
foulas.

Le pauure perdu pour faire
tel commâdement fi aupres d'elle fe couche que leurs chairs
s'entretoucherent, leurs bras
entremeflerent bouche contre
bouche la plus part de la nuict
pafferent.

Apres que le premier deduict

d'amours eurent prins la damoy-
felle luy demanda de drap tailler
qui luy auoit apprins, & il refpondit que c'eftoit amours. De
tous meftiers dift la pucelle elle
à beaucoup de feruiteurs & moy-
mefmes la premiere, car de long
temps auec fes trenchans fizeaux
tailla mon cœur & auec vous le
emporta.

De fon efguille me picqua fi
durement que grand ennuy i'en
ay porté, mais puis que le fil pendant à l'efguille qui eftoit longue attente faict maintenant no-
ftre amour ioindre auffi ferré
que vne coufture, & pour le foulas qui m'en vient ie metz douleurs en oubly.

Toutesfois amy loyal fi la premiere d'amours vous ay requife,
ne m'en tenez à villanie. Dame
fait il vous auez faict ce que de-
uiez, car deuez fçauoir que vn
pauure homme d'eftrange terre
ne fe mettroit à l'aduenture de
prendre plaifir auec telle dame
comme vous, & par auant ne luy
auoit faict feruice qui luy fut venu à gré.

Et telz propos toute la nuict
pafferent iufques au point du
iour, que Cypriane vint vers
eux, & demanda fi la pucelle
ne luy auoit point faucé fa
foy.

Maiftreffe dift Romanadaple
foyez feure que pour riens ne

voudrois fauſer le cóuenant que
ie vous fis quand me promittes
que à mon amy me feriez parler.

Cyprianz de ce ioyeuſe touſiours luy enchargea quelle ne
fiſt villennie dont ils peuſſent a-
uoir pauure perdu. Vaſſal leuez
vous haſtiuement: car ſe le Roy
eſt hors de ſa maladie gueres ne
ſeiournera qu'il ne vienne ſa fille viſiter. Tel commandement
ne pleut gueres à la pucelle, car
les plaiſirs d'amours ſi grandement las delectoient que bien
euſt voulu touſiours remanoir
entre les bras de ſon amy. Mais
le pauure perdu craignant que
fortune ne leur donnaſt ennuy
ſi quelqu'vn les apperceuoit ne
miſt gueres à ſe veſtir pour prédre congé de s'amye qui le baiſa
plus de cent fois , puis s'en vint
vers ſon hoſte pour conſeiller
que le mieux ſeroit qu'ils laiſſaſ-
ſent vne partie du drap, ce que
fut fait. Et à tant s'en retournerent ſeurement en leurs logis
ſans trouuer homme qui leur
peuſt nuyre, & en leurs amours,
comme vous orrez cy apres veſ-
quirent maints iours par delits
& esbatemens.

Comment le Roy Philippes ſçeut
par le prince Riſus que le pauure
perdu eſtoit appellé Florimont

Our delaiſſer le
parlement d'a-
mours iuſques à
vn autre lieu , il
eſt neceſſaire par-
ler commét n'aile
aduenture fera repentir Cantô-
bras Roy de Hongrie pour le
pays de grece qu'il met à deſtruction. Et pour ſur ce prendre côſeil le Roy Philippes manda le
ſeigneur de Crete, le Duc de Cypre, & le Roy de Barbarie qui
eſtoit pere de ſa femme auec
pluſieurs autres barons, qui tons
en vn eſté le moys de May que
toutes choſes prennét reſiouyſſance à ſon commandement vindrent en ſa court: ou trouuerent
le pauure perdu mettant de toute ſa force peine de ſeruir le Roy
qui ſe tenoit mallemét côſeil-
lé de ce qu'il n'auoit demandé le
nô, & le lignage du pauure perdu. Et pource qu'il auoit deſir en
ſçauoir la verité , en ſa chambre
par vn matin retira le prince Riſus , & d'Amyans le seneſchal
pour faire les huys fermer , &
clorre.

Puis le Roy commença à con-
iurer Riſus qu'il euſt ſur ſon a-

amour, & la foy qu'il tenoit de nobleſſe, luy donner la cognoiſſance dont il eſtoit né, & comme s'appelloit ſon ſeigneur qui tant luy faiſoit de ſeruice en ſa terre deffendant, que poſſible n'eſtoit luy en donner vallable recompenſe. Le Prince de ceſte coniuration print tel eſbahyſſement que bien euſt voulu pour ceſte heure la ſe faire inuiſible ſi que le roy ne l'euſt veu de long temps, car il auoit creance à Florimont que ſon nom ne reueleroit, mais maintenāt s'il ne vouloit au roy mētir luy, cōuenoit ſa promeſſe fauſer. Tant penſa le prince ſur c'eſt affaire qu'en la fin ne void qu'il luy peuſt venir dōmage ſe ſon nom, & ſon lignage reueloit, ainçois quand de ſon ſeigneur auroient cognoiſſance il en ſeroit de mieux aymé. Et pource que bien, & honneur on ne doit celer, mais blaſmé ſeulement Rifus commença à parler au roy. Sire vous m'auez par coniuration cōtrainct dire à voſtre demande la verité de monſeigneur, par tant ſoyez certain que celuy qui tant de ſeruice vous fait eſt fils du noble Machaquas Duc d'Albanie nepueu dū roy d'eſclauonnie, & au riche roy de perſe. Et pour dame de l'iſle celee qu'il perdit quant eut prins ioye d'amours auec elle, comme deuant eſt declaré, ſe

voulut liurer à ſi grand honte qu'il ordōna n'eſtre appellé fors que pauure perdu. Toutesfois ie ſuis certain que premierement ſe nommoit Florimōt, celuy qui miſt le monſtre à outrance, & puis cōquiſt garganeon, duquel il emporta le chef planter aux portes de Duras. Or vous ay dit toute la verité, mais ceſt outre les deffences, & Cacopedie que voyez auec luy c'eſt le prudent maiſtre Flocard, duquel la renōmee à bruyt par tout le monde.

Quant le roy eut entendu ceſte nouuelle, mout grandement le prince mercya, luy promettant qu'il n'en demourroit ſans en auoir aucunguerdō. Et de la grant ioye qu'il eut, retira ſon ſeneſchal en vne garderobe ou il luy diſt que peu luy challoit qui le viendroit aſſaillir, fuſt en droict ou à tort, puis que Florimont eſtoit en ſa court venu, car bien void qu'il eſtoit fleur de cheualerie, & ſi bonne vie demenoit qu'il ne pouuoit croire fors que Dieu luy euſt tranſmis pour reculler & prendre vengeance cōtre l'orgueilleux Roy Candobras, qui de ſon pays faiſoit terre deſolee. D'amiās retira le roy à part, & bellement luy dit en l'aureille. Sire tant eſt grande ſa vertu quand on le void en chāp de guerre, que ie tiens pour fol celuy qui attend la deſcente de

son espee laquelle taille si souef-
uement que tout ainsi que l'es-
preuier fait musset les petirs oy-
seaux elle fait trembler ses ennemys en detrenchant heaumes,
haubets, & hoquetons maillez,
& croy qu'il à en luy tant de prudence que quant print nom de
pauure perdu ce fut par humilité, car il est tant riche de cœur,
& de largesse qu'en luy la fleur
de proesse repose. Certes cher
sire ie croy que fortune nous la
transmis pour voftre pays deffe-
dre côtre Candobras qui voftre
terre ard, & exille. Et encores
vous aduertis que si Romanadaple sçait quelles font ses bontez
nul ne luy fera prêdre Roy pour
espoux fors Florimont, lequel
voftre pere luy promist comme
pouuez sçauoir par la visiô qu'il
vous donna si bien la remettez à
memoire. A ces parolles le Roy
luy fist responce que rien n'auoit
dit fors la verité. Et à tant laif-
serent leur conseil pour retourner deuers le prince. Risus qui
gisoit en vne partie de la chambre, ou quant tous troys furent
assemblez: chacun dist ce que bô
luy sembloit du pauure perdu,
mais le Roy plus ioyeux que
nully pensa qu'il ne luy pourroit
tourner à vergongne se sa fille
donnoit par mariage à Florimont, puis qu'il estoit de royalle lignee. A tant gueres ne se-

iournerent sans aller au palais
ou trouuerent tous les barons
que le Roy seulement salua, &
quand apperceut Florimont les
yeux la face & le front doucement luy baisa, dont Florimont
en eut tel esbahyssement que le
visage luy en deuint tout vermeil.

E Roy côsiderant que
bonne nouuelle ne
doit pas estre celee.
Commêce mettre les
cheualiers à raison sur
la merueille qu'ils eurent quant
il baisa le pauure perdu, & leur
dist. Seigneurs ie vous diray
maintenant qui est la cause que
ie dois porter honneur au Damoyseau; c'est qu'il ma seruy
loyaument sans me dire son nô
ne prendre de moy aucuns gai-
ges, dont i'en auoye telle douleur que i'ay contraint le prince
Risus pour en sçauoir la verité.
Partant de vous celer bône nouuelle ce seroit à moy mal cogneu, car ie sçay que chacun de

vous fera telle ioye quant son nom sçaura, qu'en luy portant honneur & pris rien ne vous fera impossible. Or escoutez il n'est appellé pauure perdu, ainçoys est Florimont d'Albanie, nepueu au Roy d'Esclauonie, qui mist à mort le monstre, & Garganeus, & si deliura le Roy Medó son oncle d'vne guerre cruelle que luy faisoient ses ennemys il est venu en ce pays pour me donner secours & acquerir vne richesse qui ne luy peut estre perduë par fortune, tempeste, ne autre malediction, c'est vertu parquoy ie tiens mon hostel bié heureux quant il plaist à vn si noble personnage y faire sa residence.

Quant le Roy eut ce dit, tous les cheualiers bien vengerent Florimót, & l'allerent baiser, & retenir pour leur seigneur car ainsi vouloit le Roy, mais si peu luy plaisoyent tels baisers qu'vn seul de s'amye luy eust plus porté de lyesse que toús ceux qu'il receut. Romanadaple ouyt la nouuelle que Florimót estoit cogneu, si ne se peut tenir de faire chose dont elle seroit fermement blasmee.

C'estoit qu'elle n'eust crainte que les gés tinssent leurs parolesqu'elle aymoit la fleur du móde, ou qu'elle estoit amye de Florimont.

Tandis que ces propos se tenoient au palais, le seneschal

D'amyan auoit faict preparer le manger & mettre les nappes, puis vint faire assauoir au Roy que temps estoit de lauer les mains. Philippes commanda que pour l'hôneur de la feste, & pour l'amour de Florimont la pucelle & sa mere vinssent auec eux au banquet. Ainsi que le Roy l'ordonna il fut faict diligemment. Atant la royne entra au palais à costé d'elle menant sa fille, que plusieurs damoyselles belles & courtoyses accompagnoyent. Et apres les salutations donnees Florimont pensoit à samye & la regardoit non pas à haute visee, mais d'vne petite leuee d'œil. De tout cela la dame bien l'apperceut, car qui ayme moult voit cler. Si luy fist vn sine de son doy contre sa bouche. Florimôt sceut bien que telle chose pouuoit signifier, pource que celuy apprent à deuiner qui veut aymer loyaument. Et de loing l'vn à l'autre faisoyêt signes amoureux si secrettement, que de leur ioye ou amour nul en auoit la cognoissance. Ce pendant qu'ils furent au palais tant fut ioyeuse Romanadaple de voir son amy Florimont, que nature luy rendit vermeil & blanc en son visage que amours parauant auoit si maté que mieux sembloit morte que viue. A tant chacun print siege es tables pour prendre sa

refection, & le senechal fit tout si bien atourner que au banquet furent diligemment seruis de cerfz, grues, poison & tant d'autres viandes exquises que trop seroit long à racôpter. Les deux amans prenoyent grant ioye d'auoir la veuë l'vn de l'autre, mais plus se fussent resiouys si la place eut esté vide, fors de eux deux, car tant Romanadaple pensoit en son amy, qui souuent amours luy faisoit dire parolles dont apres elle auoit dueil & courroux. Le disner se maintint ioyeusemêt iusques au derniers mets que fortune leur enuoya nouuelles qui firent muer soulas en tristesse.

Tant repurent le Roy & ses gens en prenant ioyeuseté que en la fin du banquet tous soulas furent en dueil conuertis, car deux messagers ayans le visage plus pale que flambe de chandelle ardante & atournez de vestemens

mens douloureux pour le sang qui estoit yssu de leurs corps, vindrent au palais donner bon salut au roy, & à la royne & à tout le bernage de par le Duc d'andrenople. De ces deux cheualiers l'vn fut nommé Cleomatans homme preux & vaillant à merueilles, l'autre fut vn iouuencel prudent, sage, gentil & courtois qui de n'agueres auoit receu l'ordre de cheualerie & estoit nommé Emelinos fils du duc D'andrenople. Cestuy ieune damoyseau monte sur vn cheual si las & trauaillé que à peine se pouuoit il soustenir sur iambes, commêça le premier à parler au Roy si hautement que tous le peurent entendre. Sire si vostre plaisir est prester vn peu l'oreille à mes parolles, en brief pourrez sçauoir pour quelle raison sommes enuers vous venus. C'est que mon pere le duc D'andrenople duquel auez autrefois ouy parler vous donne bon iour & salut sans oublier toute la court. Et pource qu'il estime au monde rien estre plus fort que vous, il vous requiert luy faire secours de vos gens pour repousser le cruel Candobras roy de Hongrie qui toute sa terre faict ardoir, si que desia est venu iusques en Salabre, ou de present son camp est arresté deuant Andrenople dont en à prins le faubourg &

Florimont.

dedans la ville est mon pere assiegé si mallement que de bref se rendra si dieu ne luy enuoye secours. Car candobras à mys plus de cent ouuriers en besongne pour faire engins à prendre les murailles, & deuant que soyons cy venus combat contre eux nous à falu leuer, dont fortune c'est monstree nostre ennemye, car tous nos compagnons sont prisonniers detenus & nous deux n'auons que blesseures parmy le corps. Sire en c'est affaire vostre pitié n'oubliera ses amis. A tant se teut Emelinos que le Roy mout bien auoit escouté, puis Cleomatans parla. Sire trop grand perte vous pourroit aduenir si vostre ville & vostre homme ne secoures, car il n'a en toute sa gend'armerie que trois cés hommes tant de pied que de cheual lesquels Candobras faict à grand diligence enuahir, pour en bref temps les mettre tous à cruelle mort. Laquelle chose pour vous faire sçauoir sommes partis de nuict, mais n'a esté si celeement que n'ayons esté naurez parmy les corps. Or mon seigneur si sommes premierement venus vers vous, nul ne nous le doit tourner à blasme, veu que c'est pour le profit de nostre prince & à l'augmentation de vostre honneur. Quand les messagers eurent finees leurs harangues, le

Roy Philippes grandement les
loüa, puis leur enquiſt ſi Candobras auoit en ſon oſt grand mul-
titude de genſd'armes. Sire luy
diſt Cleomatans ce ſeroit choſe
impoſsible les nombrer, car ils
ſont quatre Roys tenans le ſiege
dont le moindre tient quinze
mille hommes ſus ſa conduitte,
ſans maints autres aduant cou-
reurs qui ont mis tout le pays à
honte. De ces parolles le Roy ſe
trouua ſi eſtonné qu'il perdit
qu'aſi contenance, car bien penſoit que tel ſecours ne pourroit
enuoyer ſans auoir grand dommage de ſes hommes. Lors commanda venir ſon ſenechal pour
mener les meſſagers prendre repos, & qu'il emmenaſt cyrurgiés
pour medeciner leurs naurez,
puis apres diſner prendroit conſeil à ſes barons ſur le ſecours
qu'ils demandoyent. Tout ainſi
que le roy commanda d'Amyans
le voulut exploicter, dont Emelinos fut ſi dolent que de faire fin
à ſes parolles poſsible ne luy fut
ſi luy diſt. Sire vos parolles nous
tournent à vergongne, car il
ſemble à vous ouyr que nous
voulez accuſer de couardiſe, ou
que ne tenez cœur de nos meſſa-
ges accomplir.

Mais certes ie vous aſſeure que
ſi au corps i'ay bleſſeure, mon
cœur eſt encores en telle vigueur
que ia ma playe ne ſera lauce, ne

emplaſtre n'y ſera miſe deuant
que arroutecroit, ou que la mié-
ne eſpee ayt beu plus de trente
fois du ſang de mes ennemys qui
tiennent nos compagnons ſi enclos que ie pourrois prédre pris
& lonenge ſi ne me mettois en
effect d'en prendre vengeance.
A tant ſe teut le iouuenceau &
Cleomatans parla. Sire vn cœur
vaillant ne demande ſommeil
quant ſes ennemys le tourmen-
tent, parquoy dormir ne prendre medecine tant beſoing ne
nous fut comme d'auoir de vos
barons armez & montez ſur palefroys courans pour aller faire
l'aſſaut à Candobras. Quand le
roy eut cogneu la proeſſe & hardiment de ces deux champions
en riens ne les voulut eſconduyre, ains leur pria d'aller prendre
refection corporelle, puis pen-
ſeroyent d'exploicter ce dort a-
uoyent grande neceſsité.

Comment Philippes tint conſeil
pour ſçauoir par quel moyen on pourroit ſecourir le duc D'andrenople.
Et comment vne eſpie retourna
vers Candobras luy dire de
l'eſtat de Florimont, ce que
ne pouuoit croire.

TAndis que les Cheua-
liers repeurent, le Roy
fist retirer les pucelles
& dames chacune en sa
chambrette, puis appella Florimont & le prince Risus pour
consulter comment on pourroit
secourir le Duc d'andrenople.
Les deux cheualiers Florimont
& Risus qui ne demandoyent
fors que la bataille conseilleret
que besoing estoit de diligemment amasser gensd'armes par la
ville, ce que le roy consentit, &
eux mesmes furent establis pour
en faire ce que seroit du
mieux.

Lors s'en allerent par la cité ou
firent tant qu'en peu d'heure a-
masserent trente mille hommes
combatans, bien armez pour attendre, ou donner vn assaut. La
pucelle sçeut que son amy s'en
deuoit aller, si en print tel des-
confort, que tous soulas furent
de son cœur deiectez. Et de crainte qu'elle auoit qu'il ne peut eschapper la mort, print vn anel
qui estoit en son aumosnyere,
& le mist au doig de Florimont
son amy, afin qu'il eut le cœur
plus ferme pour ses ennemys
guerroyer. Et le partir des deux
amans fist leurs cœurs si fort e-
straindre de douleur que l'vn ne
sçeut rien dire à l'autre fors doux
amy & douce amie, Adieu vous
command.

Endementiers que telles choses se traictoyent dedans la ville
vne espie que Candobras y auoit
enuoyé en eut du tout la cognoi-
sance, puis gueres ne seiourna
qu'il ne fist son retour à Andrenople vers son seigneur qu'il
trouua en l'ost ou Candobras l'a-
raisonna sur l'estat de la court au
Roy Philippon, & l'espie luy fist
telle responce. Sire le Roy de
Barbarie, celuy de Crete & le
Duc de Cypre auec tant d'autres
que ie ne sçauroye nombrer sont
en sa court, & plusieurs autres
Barons de son party sont hors la
ville ayans tentes & pauillons
qui tiennent enuiron vne lieuë
de tour.

Certes tous font grand resiouyssance, car ils cognoissent
le cheualier pauure perdu que
vous tinstes pour homme de bas
estat, & qui print Inidian à l'escarmouche du chasteau Caloca-
stro, Or l'appellent ils Florimont, duc de la terre d'Albanye
& luy font si grand honneur que
tous pour leur seigneur le main-
tiennent.

Quand le Roy Candobras entendit ceste merueille ne sçeut
que penser de Florimont, fors
qu'il auoit esté emblé en son pais
apres la deffaicte du monstre &
de Garganeus. Et bien cuyde
qu'il soit vray, car si la dame
de l'isle celee ne l'eust emmené

l'admiral de Cartage n'euſt tant fait de tort à ſon pere, comme quant il vengea la mort de ſon nepueu Garganeus que Florimont auoit deſcôfit par ſa proeſſe, qui eſtoit ſi grande que trente quatre hômes tous à vn choc ne l'euſſent peu greuer. Ce nonobſtant quant le Roy eut penſé que Florimont eſtoit la fleur de cheualerie, il delibera luy preparer la iouſte s'il venoit à point L'eſpie qui ne queroit fors que Candobras ne fuſt obſtiné de péſer qu'il conqueroit Florimont luy diſt. Sire ie vous iure ma foy que ià ſes coups bien auez apperceus quand il print ymidian deuât le chaſteau calocaſtro, ou ſe le pont n'euſt eſté leué & les foſſez parfonds vous & le chaſteau ſans faire longue demeure euſt prins, & mis à recreance. Or pour le mieux ie vous conſeille que voſtre gent ſoit bien gardee, car i'ay veu venir en ſa courr deux meſſagers de grand vertu: qui luy ont compté tout l'ordre de voſtre armee, & ſuis certain que chacun d'eux ſe meêt en point pour vous venir donner aſſaut. Le Roy ſur ce ne reſpond mot, mais tenoit ſon courage ſecret diſant, que ainçoys qu'il n'eſchappaſt de ceſte guerre en obtenant la victoire, & que ne fiſt deux ce que de luy faire vouloient, les yroit aſſaillir iuſques

en leurs pauillons Mais fortune qui ne voudroit que de mal penſer bien en aduint, luy prepare courroux duquel s'il eſtoit aduerty ne demanderoit ſinôn la paix, car le Roy Philippes, & ſes barons tenoient conſeil ou fue mandé maiſtré Flocard qui en ſcience paſſoit tous les viuans, & à chacun le Roy fiſt priere qu'il en diſt ce que bon luy ſembloit. A tant le Roy de Barbarie commença à parler, ſire vous auez grand baronnie & cheualiers triumphans en faits d'armes qui pourront facilement venir à chef de Candobras, ſe vne fois leur donnez bonne côduitte. Le Roy de Crete diſt que mieux valloit prendre ſon ennemy ſans aduertiſſement que luy faire menaces, & que le plus ſecrettement qu'on les pourroit aſſaillir ce ſeroit le mieux. Le Roy de Cypre par ſon conſeil monſtra que tous n'auoient eſté en vne eſcole, veu que aux precedens en parlers ne fut ſemblable. Si diſt Cher ſeigneur ſi croire me voulez celuy que tenez à plus ſage plus hardy & de courage vaillant ſera eſleu pour eſtre conducteur de l'armee, car bon paſteur ne ſouffre que ſes brebis ſoyent mal atournees. Ce conſeil pleut tant à chacun que incontinent ſans nul arreſt ne demandoyent qu'eſtre ſous la con-

duire de Florimont lequel fut
esleu pour auoir garde de l'armee. Florimont fut de ce tant
esmerueillé qu'il appella le prince Risus pour eux aller demander conseil à son maistre comme ce pouuoit faire, que le
Roy luy faisoit tant d'honneur
veu qui ne l'auoit desseruy. A
tant vint à Flocard, & luy dist.
Maistre ie m'esbahis comment
de cest affaire aduerti ne m'auez.
Certes cher amy dist Flocard, de
ce qu'ils ont sur vous assis ie l'a-
noye bien cogneu aux estoilles,
mais de le vous dire bien ie m'en
suis gardé, car eussiez pensé de
prendre quelque excusance cõ-
me faite quanon vous dit que
monseigneur estoit greué mallement si vous ne l'alliez secourir. Et du refus que vous fistes,
ce fut pour la dame de l'isle celee. Le Duc & Florimont ont
mout escouté ce que Flocard
leur à dit. A tant s'en retournerent au palais où le Duc Florimont en la presence de dix, &
non plus, au Roy parla en ceste maniere. Sire puis que voulez que sur moy ie prengne le
fais, & la peine de l'armee, de y
contredire n'ay volonté, mais
pour si gouuerné sagement d'i-
cy à l'ost y à trois iournees bien
mesurees d'enuiron trente six
lieuës il n'est besoin d'aller lo-
ger pres Candobras l'orgueil-

leux qui ne quiert que se lauer
en sang humain, car se vne fois
est aduerty que soyons pres de
luy hebergez auec les meilleurs
de ses gens viendra secrettemēt
pour nous cuyder faire dommage, mais assez de ce nous pouuõs
donner garde, & la perte sur luy
tourner qu'il cuyde mettre sur
autruy. Sire c'est quand nostre
gent sera venue, & yssue des pauillons, ne conuient que persó-
ne dedans demoure fors les trefs
tendus seulement.

Puis chenaucherons de grand
vertu vers Andrenople, & nou
pas le droit chemin, ainçoys
yrons par autre voye tant leurs
gens trouuerons en si grand desarroy que les pourrons prendre
& occire.

Mais s'il aduient que fortune
nous soit agreable, faites deffen-
ce à vostre gent que nul ne prē-
gne de leur auoir tant que le
champ soit tout vaincu sur peine de perdre la vie, & quand les
aurons descõfits que Dieu vueil-
le, les butins seront separez à
chacun. Puis auant nostre retour mettrõs le feu en leurs he-
bergemens si que quant le iour
sera esclarcy, ils verront ardoir
les logis.

Ceux qui plus ayment la guerre tant craindront qu'ils vou-
droient estre en leur pays.

Lors le tournoyement de leurs

gens & des noftres fera fi peril-
leux que les plus hardis feront
mal affeurez, mais vne chofe dô-
nera confort aux couards , c'eft
que fi le feu peut leurs harnoys
brufler, ils feront de leger vaincus. Or en faites voftre vouloir,
car vous ay dit ce qu'en auoit fur
mon courage.

Et faites que auant de commencer vous preniez l'opinion
de chacun afin que chofe ne faciez dont apres il côuienne s'en
repentir.

De ce confeil tous les barons
contes , & efcuyers prindrent
fi grand hardiment que ià leur
tardoit qu'ils ne fiffent l'efcar-
mouche.

Et le Roy tant en prifa Florimont qu'il le pria vouloir fa
terre garder , & que autre
chofe dire ne luy fçauoit
fors que toufiours de
fa terre fuft fei-
gneur.

Ource que vne
entreprife fouuét
on ne laiffe fans
exploicter. La ba-
ronnie fe partit
du confeil, & s'en
allerent à Florimont, le prince
Rifus, & maiftre Flocard en la
cité pour faire ferrer les cheuaux , & leur donner la repeuë
afin que mieux ils les portaffent
tous armez iufques au champ
de la bataille. Or la nuict qu'ils
déuoient cômencer de cheuaucher. Thechiers fe trouua faify
d'vne fôibleffe fi qu'il dift qu'il
ne leur pourroit tenir compagnie. Maiftre Flocard de ce print
refiouyffance , pourtant que luy
tournoit à defplaifir de ce qu'il
n'eftoit armé, & n'euft peu aller
auecques fon difciple. A tant
print les harnois, & deftrier de
ce cheualier malade fi dift qu'il
yra pour luy. Puis quant il fut
monté fift deux ou trois voya-
ges parmy la ville tous ceux qui
le voyent fe prenoyent à gaber
de luy qui vouloit encores ferir
de lances , & de therchers qui
demouroit , mais au cheualier
faifant le malade ne chaut que
l'on die moyennant qu'il puiffe
fa vie eflongner. Quant les habitans de la cité virent la hardief-
fe de Flocard commencerent ac-
cufer Therchiers par couardife
difant. Certes bien voyons Ca-

copedie mieux valoir en cheualerie que vous qui le gabaites
quant le trouuaſtes trotant au
chemin, & par maintenant pourrez cognoiſtre que fol eſt qui
ſe gabe d'autruy : car toſt on
peut ſur luy gaber. Therchiers
qui bien euſt voulu retenir la
parolle qu'il auoit dire en faignant eſtre mal diſpoſé leur fiſt
reſponce. Seigneurs vous dites
la verité, mais bien ſçauez que
vn homme ne peut ſon courage
ne langue changer à plus ſage de
luy. Maiſtre Flocard ſur ce propos ſe partit de Therchers, &
s'en vint pres de ſõ maiſtre pour
touſiours l'admonneſter du departement. Lors que Florimont
ſçeut les cheuaux auoir prins la
repeuë fiſt crier que les ſommiers
on chargeaſt ſans laiſſer harnois
tentes , & pauillons quelconques.

Ainſi qui le commanda fut fait
ſi diligemment que enuiron la
minuit toute l'armee tant à pied
que à cheual hors de la cité fut
ſortie garnie de tous viûres
pour tenir camp plus de dix
moys.

De voir ceſte noble compagnie Emelinos, & Cleomatans
les deux meſſagers prindrent ſi
grand courage que touſiours e-
ſtoyent des premiers auec les
banieres, & guydons, & tous à
grand ioye, & deduit la nuict
cheuaucherent tant que le ſoleil
fut leué : & vn peu deuant heure de tierce en vn pré arriuerent
ou pour la chaleur qui commen-
coit les trauailler tendirent pauillons, & tentes pour prendre
repos, & leurs cheuaux faire ra-
freſchir. Quant ce vint l'heure
de veſpres chacun recommenca
à trouſſer ſon barnage, puis par
ſi grand vertu cheuaucherent au
l'endemain midy qu'ils ſe loge-
rent en vn plain pres d'enuiron
ſix lieues d'Andrenople la cité
qui eſtoit aſſiſe en vn pendant.
Candobras ſubtil en bataille
plus que perſonne de ſon oſt,
touſiours faiſoit dõner ſoing
par eſpines de ſçauoir ſon luy
viendroit faire la guerre, & tant
fiſt qu'il ſçeut que les trefs , &
maiſons de toilles du Roy Philippes eſtoient tendues pres de
luy: parquoy delibera leur faire
tel ennuy que plus toſt ſeroient
en peril de mort que de vie.

Et pour venir à chef de ce qu'il
entreprenoit miſt ſoixante mille cheualiers en aduenture de
combatre, auſquels il enchargea
faire ne bruit iuſques à tant
qu'ils ſeroient en vn lieu ou ils
pourroient gaigner victoire
contre la puiſſance de Florimont.

A tant ſe partirent de la par
vne nuict obſcure , & alors
prindrent tous les champs, &

pour faire le commandement de
leur seigneur, mais telle fut ma-
le aduenture sur eux, que oncques depuis plusieurs de la bende
ne virent leur capitaine Candobras, car Florimont se tenoit sur
ses gardes & faisoit ses cheualiers
armer puis sortir hors des pauillons sans que nul y demourast.
Et par grand exploict Emelinos
& Cleomatans les conduisoyent
tant que ils vindrent iusques à
vne lieuë pres D'andrenople, ou
commencerět à tourner chemin
& prendre autre charriere parmy vn champ ou n'y auoit sen-
tier ne voye, mais tant subtil
lement besongnerent qu'ils vindrent deuant que estre cogneus
au siege Cádobras ou trouuerent
les harnois & gardiens des loges
que tous bruslerent sans en prendre nuls à mercy. Ceux de la ville D'andrenople voyans qu'ils
auoyent secours recouuert sortirent pour aller remercier ceux
qui auoyent faict tel escarmouche. Candobras qui ne sçauoit le
malheur luy faisant tel meschef
celle nuict estoit venu de grand
randon iusques aux trefs de Florimont ou ne trouua à qui parler
dont il print ioye pensant que
Florimont & ses gens luy eussent
guerpy la place. Si fist priere à
tous ses barons que on suyuit le
train des cheuaux iusques à ce
qu'on l'eust rataint & que par les

passages on mist guet de paour
qu'il n'y eut trahison. Tant cheuaucha la baronnie Candobras
vers la cité qu'ils apperceurent
les loges ardoir, dont le Roy
grandement se forcena par ce
que son conseil & mal aduisemět
en estoit cause. Si print en luy
telle rage qu'il comméca à mau-
dire l'heure que Florimont fut
oncques né, & qu'il aymast
mieux qu'il fust roy de L'isle celee que luy auoit ainsi affollé ses
gens. Tant fut le roy en ce penser
que le iour commença esclaircir
si que l'armee des deux pars se
peut facilement cognoistre.
Lors commença parler Candobras à ses gens. Seigneurs bien
voy que sommes pres de la bataille, & si grand sera le tournoyement que iamais ne prendra fin que ce ne soit à grand dô-
mage. Or vous sçauez que nous
auons perdu nostre repaire sans
auoir hebergement fors la cam-
pagne qui est à nous vergongne
& honte que ne pouuons tourner en honneur si nos ennemys
ne mettons à outrance. Pourtát
ceux qui ayment par amours
maintenant doyuent faire que
cheualerie en eux prengne dou-
ble vigueur. Et de mourir nul ne
doit auoir crainte, car vos voyez
que nostre ost est suffisant pour
vaincre tous ennemys de la terre
de Hongrie. Certes seigneurs
mieux

mieux aymeroys en ce tournoy
souffrir mort que auoir reproche
que i'eusse prins la fuytte.

*Comment Florimont conquist par
armes le Roy Candobras & plusieurs autres de son armee. Et
par le poing le rendit prisonnier au roy Philippes.*

Pres que Candobras
eut donné hardmiēt
à sa gend'armerie, le
Roy delquoy ne luy
dist. Sire nos aduer-
saires sont si pres de Macedoyne
que i'ay grand peur que ce que
i'ay ouy dire ne soit verité, c'est
que souuent le dommage vient
sur celuy qui autruy le conuoite,
pourtant ordonnez vos batail
les se combattre vous voulez.
Certes dit Candobras seigneur
vous dictes vray, Il conuient la
besongne commencer, mais il
faut qu'on y vse de prudence &
separer l'armee en plusieurs parties, dont vous aurez l'aduant-
garde fournye de vingt mille
combatans. Le roy de Coulongne tiendra la bataille bien garnye de tous harnois en tel affaire
conuenable, auec vingt mille
gensd'armes montez sur pale-
frois & d'estriers courans en la
tierce partie qui est l'arriere gar.
Florimont.

de. Le Roy de Roussie sera le capitaine. Et moy auec vingt autre
mille ie seruiray d'auant coureur
ou me tiendray sur les æsles pour
secourir ceux qui seront les premiers recreans. Ainsi fut ordon-
nee l'armee de Candobras qui se
mōtoit au nombre de quatre
vingts mil combatans qui tous
en ordre cheuaucherent à pointe d'esperon vers la bataille de
Florimont, lequel auoit ses cheualiers separez par six bandes
dont luy mesmes comme capitaine de haute proesse estoit cō-
ducteur des premieres enseignes
& guydons, ou estoyent trois
mille gensd'armes de courage si
vertueux, que plus aymoyent en-
sanglanter espees ou sang de
leurs aduersaires que faire recu-
ler quelconque. En la seconde
furent quatre mille ordonnez de
haute proesse, que le Duc D'asie
soubs sa garde. Le Duc de Cypré
eut la tierce pour recommandée
ou estoyent nombre cinq mille
où plus. Le Roy de Crete eut
charge de cinq autre mille. Au
riche Roy de Barbarie six mille
furent ordonnez, & au Roy Phi-
lipes sept mille de tous les meilleurs pour les tenir à repos iusques à tant que mestier en fut,
car Florimont luy dist. Sire si
voyez que soyons las & recreuz
de la bataille, vous viendrez au
plus legerement que sera nous

donner ayde, car si bien nous
commencons & bonne fin n'en
aduient, ne serions dignes de
grand louenge. Le Roy desirāt
que son ennemy fust ià mis à recreance, octroya faire tout bien
ordonnées, puis-fut necessaire
cheminer iusques à ce que les
deux osts se peurent l'vn l'autre
appercevoir. Et quand se virent
nul ne les peut tenir que les
trois mille de la conduitte Florimont ne firent la premiere a-
larme contre vne des bandes
Candobras qu'ils chasserent de
si pres à pointe de battōs ferrez,
que qui ne les eust secourus
morts ou prins eussēt esté en peu
d'heure: mais la bataille du Duc
d'Asie leur vint donner vn tel secours, que des premiers poin-
dres qu'il fist trauersa par viue
force toute l'armee tant qu'il
vint iusques à Florimont pour
le desrompre en mille pieces. Et
assez l'eust greué se ne fust le roy
de Cypre & celuy de Crete qui
assemblerent leurs osts pour luy
venir à l'ayde, & tant vaillamment guerroyerent que malheur, & perte couroit sur la
partie de Candobras.

Celuy Candobras, & le Roy
de barbarie voyans que leur armee auoit du pirs, amenerent six
mille combatans frais, & de repos, & Florimont de sa part n'en
faisoit pas moins en sorte que

quant le tout fut assemblé, la
bataille fut si pesante, cruelle,
& pressee: que plusieurs per-
doient la vie pour chaleur, &
poudre qui les aueugloit.

Aucuns tant d'vne part que
d'autre les selles delaissoyent
pour les horions qu'on luy bail-
loit à receuoir.

Les autres auoient haubets, &
escus si froissez que de la mort
ne se pouuoyent guarantir, mais
entre tous ceux qui faisoyent
voller eclats des lances Florimont estoit grandement à douter, car s'il tenoit de sa nature
vn courage hardy, si auoit il vne
proesse acquise, & en son cœur
tel hardiment quant pensoit
à sa dame par amours, que d'vn
seul coup d'espee faisoit voller
par terre dix cheualiers.

Et pour plus animer ses gens
crioit parmy l'ost, viue l'ensei-
nouuelle, dont chacun de sa partie prenoit telle resiouyssance
que nul d'eux n'estoit à terre a-
batu, deuant qu'auoir mis plus
de six de ses aduersaires à outrance.

Florimont se prenoit au plus
apparens en proesse, & laissoit
les moindres mettre à mort par
sa gend'armerie.

Ensemble ne souffroit que les
porteurs d'enseignes, & guidōs
de Candobras eussent enduré
les passages de la mort sinon

de sa main. Le Roy de Hongrie dolent quand il void ainſi deſconfire les gend armes vint ſi durement contre les autres que pluſieurs en occiſt, & prend ſans nul mercy, ſi qu'en peu d'heure les cheualiers de Florimont affoibliſſoyent.

Et ce ne fuſt qu'il les reconforta eſtoyent ſur le penſer de prende la fuitte.

Tát faiſoit d'armes le ſeigneur Candobras que nul n'oſoit ſes coups attendre, mais Florimõt entre tous les Roys eſtoit celuy qui mieux ſouffroit les horions car quant eſtoit au corps nauré le lard qu'il auoit recueilly au Monſtre, luy ſeruoit de ſi bõ oignement que peu apres qu'il oignoit ſa bleſſure il auoit ſanté recouuert.

L'eſtoc fut par luy ſi biẽ maintenu en detrenchant teſtes, & bras, que tous ſes aduerſaires penſoyent ſon eſpee eſtre forgee d'art diabolicque, car nul n'en frappoit qui peuſt apres longuement vinre.

Quant le Roy Philippes vid que Cãdobras, & ſon oſt eſtoiẽt quaſi mis à recreance, vint amener ſept mille combatans frais & repoſez pour paracheuer la beſongne.

Et tellemẽt recommença l'eſcarmouche qu'en la fin Candobras ne ſçeut s'il deuoit guerpir la place ou tenir bõ iuſqves au mourir. En ceſtuy dernier aſſaut vn vieil cheualier perdit ſõ fils que Emelinos auoit tué. Si en fiſt le pere tel dueil, qu'il pourpenſa luy tenir compagnie ſans iamais eſchapper du tournoyement qu'il n'euſt prins la vengeance, ou auec ſon fils preſt à mettre dedans terre.

A tant baiſa ſon fils qui giſoit mort, puis ſon chef d'eſarma & monta ſur ſon d'eſtrier pour cheuaucher parmy les rencs tant qu'il eut Florimont apperçeu. Et quant entre les autres le vit piequa ſon palefroy pour venir la lance baiſſee contre Florimont, & tel coup luy donna que à peu que les arſons ne luy fiſt perdre, Le duc qui de ſe garde ne ſe donnoit tourna ſa veuë vers le cheualier Auquel quand le vit auoir teſte vieille & heaume ſans eſtre de heaume garnye, en pleurant telles parolles luy diſt.

Vaſſal feru m'auez ſans que ie ſache dont vient voſtre douleur mais pourtant qu'eſtes vieil & caduc ie vous pardonne le tort que m'auez faiſt & par moy ne mourrez d'auiourd'huy.

Certes diſt le cheualier à moy ce ne ſeroit honneur de vous occire ſans vous deffendre, pourtant penſez ne faire reculee, car contre vous la mort de mõ fils vengeray.

Quant Florimõt vid que mieux ne peut, & que iouster luy cõuient, d'vne hante d'espieu la si feru que du cheual le fist à la terre tomber dont la meslee se renforça si durement que plusieurs y moururent sans confession.

Le prince Risus, & d'Amians faisoyent voller esclats des lances, & testes de leurs espees en sorte que plusieurs auoient occis, ce qui leur eust esté cher võdu si ne fust Florimont qui leur vint au secours quand bataillioyent contre le roy de Coulõgne, & de celuy de Macedoine qui furent touchez de si pres par le Duc Florimont qu'en la fin luy requirent qu'il les voulist prendre à mercy, ce qu'il fist, puis les enuoya aux prisons iusques à ce que autrement en fust ordonné.

Le Roy Candobras voyant que le pire auoit de la guerre comme forsené n'ayant plus esperance de viure s'en va cerchãt par les ruës pour trouuer le Duc Florimont, & en ceste enqueste tous ceux qui deuãt luy venoyét sans mercy les mettoit à mort.

A tant apperceut Florimont portant vn espieu, puis l'escria.

Ennemy tu m'as mis la fleur de ma cheualerie hors de ceste vie humaine, mais maintenant le tout te faut recompenser. Florimont qui peu doutoit Cando-

bras ne luy daigna respondre. Si tourna la teste de sõ palefroy pour courir de force l'espieu abaissé, mais ce peu luy profita: car en son poindre ne sçeut blesser ennemy. Ains Candobras le frappa si rudement que le haubert, l'escu, & mailles luy desrompt, & du fer de l'espieu le naura dedans le corps tant que le sang vermeil en saillit, mais de tout ce ne luy peut faire perdre les estriers. Quant Florimõt vid qu'il estoit nauré pour en faire la vengeance du fer de son espieu trenchant vint dõner telle escousse cõtre l'escu Candobras que plus de cent mailles luy rompt & l'abbatit à terre, dont Candobras se sentit si mallemẽt atourné que pouuoir n'eust de remonter en selle. Le duc pensant à sa dame par amours, & pour resiouyr ses gensd'armes cria, viue l'enseigne nouuelle.

Et Candobras aussi voyant que tout estoit perdu cria la sienne enseigne dont le residu de ses gens luy vint secourir, mais ce fut à la malheure, car telle fut fortune que de tous les quatre vingts mille de l'ost de Candobras n'en reschappa que trois que le reste ne fust pris mort ou nauré. Et combien que le Roy de Hongrie fust de cœur vaillant quant vid toutesfois que ses gens luy estoyent faillis se rédit

à la misericorde de Florimont,
lequel le print par les mains de
p pour qu'on ne le mist à la mort
puis quant eut receu son espee le
monta sur vn palefroy, & au roy
Philippes le mena, si luy dit. Sire
à vous ie rends le Roy de Hongrie par tel conuenant que honte ne vergongne ne luy ferez.
Seigneur le Roy , bien pouuez
sçauoir que vostre volonté sera
accomplie.

Tantost Philippes se pensa que
la vision que son pere luy auoit
faite estoit venue à perfection,
& que celuy estoit venu qui vé-
geroit son pays en luy rendant
son aduersaire iusques au poing,
puis apres la guerre finee sa fille
prendoit pour espouse.

❧ Comment par le conseil de
Flocard apres que Florimont
eut distribué les butins fist
semblant s'en aller en estrange pays pour voir quelle a-
mour le Roy auoit enuers luy
& comme la pucelle dist fran-
chement à son pere que nul
vouloit à mary sinon Florimont.

Vant la bataille fut
finee Florimont ma-
da le senechal d'A-
myans pour departir
les butins comme il
verroit estre raisonnable, & que
celuy qui auoit perdu son cheual quatre luy en fussent rendus
Ainsi que le Duc ordonna se mist
en peine de l'exploicter , puis
Florimont selon la loy, & par la
volonté du Roy son seigneur fit
ardoir les morts , & les naurez
emporter bellement pour les
faire recouurer guarison. Quant
aux playes qu'il receut nul bar-
bier y mist emplastre , fors luy
seul qui les frotoit de loignemét
que la dame de l'isle celee luy a-
uoit conseillé porter en tous
lieux, car il en auoit besoing.

A tant ne peurent plus le Roy,
& ses gens demourer en ce lieu
qu'ils nommerent deuant leur
partement en grec *prosto sabbato*,
pourtant que quatre Roys y a-
uoyent esté descósits, & s'en retournerent à Phelipope à grant
ioyè, & deduit pour la victoire
qu'ils auoyent, & en cheminant
se gaboient du bon vieillard
maistre Flocard qui auoit iousté
assez vertueusement. Tant allerent le droict chemin que si pres
furent de la cité, que Romanadaple regardant par ou ils venoyent en faisant maints souspirs apperceut entre les autres

la baniere & l'escu de son amy
dont elle fut tant ioyeuse que
s'elle peust voller à luy pour
honte ne pour vergongne de
tous ne se tiendroit de le baiser
plus de cent fois, mais quant voit
que la distance d'entre eux la
garde faire ce qu'elle voudroit
bien, elle estrainct ses bras & la
main que plusieurs fois Florimōt
auoit tenuë regarde en souspirant sans sçauoir dire parolle. Le
Roy, Florimont, & tous les
plus nobles de la compagnie
s'en allerent descendre au palais
ou fut faict chere ioyeuse, & les
prisonniers blessez mis à poinct.
Le Duc Florimont trouua entre
les prisonniers le vieil vauasseur
qui de dueil & yre pour la mort
de son fils l'auoit cuydé occire,
si le deliura par ce qu'il l'auoit
trouué bon ferisseur de lance
pour vn vieillard. En ce pays qui
auoit esté long temps en guerre
on faisoit les feux pour la proës-
se du Duc Florimont lequel tous
ceux de la ville craignoyent qu'il
ne s'en vousist en sa terre retourner, & entre eux disoyent que
s'il s'en alloit iamais leur pays ne
seroit sans ennemis qui plus que
par deuant les mettroyent tous
à destruction. Flocard oyoit le
propos que les bourgeois tenoyent de ceste matiere, si s'en
vint à son seigneur, & bas en
l'oreille luy dist. Sire la dieu

mercy mout auez bien seruy le
Roy, lequel comme il me semble à grand enuie de vous faire
honneur. Mais pource que tost
vouloir de prince est changé &
son amour tourne en yre faictes
vos cheuaux preparer pour fain-
dre d'aller ou vous n'auez desir.
Et quant le Roy en sera aduerty
il prendra conseil à ses barons
pour voir quelle recompense sera digne du bien que luy auez
faict, car ie suis certain que tant
vous ayme qu'il ne pense fors à
vostre bien. Or tandis que le fer
est chaut par feu en maints lieux
on peut faire ouurage, Et qui
sans feu le veut forger son labeur
ne porte profit. Parquoy maintenant que le Roy est au feu de
vostre amour, si le requerez de
chose qui luy soit possible, il ne
la vous refusera, mais si laissez
mettre vostre seruice en oubly
vous perdrez le temps de vostre
seruitude, & tel l'aura qui ne la
pas merité. Parquoy seigneur
pensez à ce que ie vous dicts, car
s'il qui bien voit & ne le prent,
quant bien luy faut il s'en repent
Le prince Risus qui ce conseil
auoit ouy le tint fort digne de
croyre.

Et le Duc Florimōt aprés qu'il
eut seiourné sept iours en la
court du Roy, fist semblant d'aller ou il n'auoit besoing.

Quand le senechal le vit en

tel propos, il pensa que pour verité le duc vouldst retourner en
sa contree, si s'en alla le comter
au roy qui de ce fut tant dolent
qu'il encharga qu'on retint ses
cheuaux & harnois tant que il
auroit parlé à luy. Celle nuict
Philippes manda tous les barons
qui estoyent nées de ce pays,
puis commença à parler à eux.
Seigneurs tous auez veu l'orgueil l'outrage & la vergongne
que celuy de Hongrie m'a faict
pource que de ma terre ne luy
vouloit faire l'hommage, ne ma
fille luy donner pour espouse. Or
Florimont le m'a liuré en mes
prisons & vaincu tous mes aduersaires qui denát sa ville mout
souuét mes cheualiers nauroyét
iusques à la mort.

Et maintenant le bon duc qui
m'a si bien seruy s'en veut aller en
son pays sans prendre de moy
recompense s'il ne la conquise
à l'espee, ie vous prie me vouloir conseiller que sur ceste besongne pour le mieux ie dois
faire.

En ce conseil le duc D'andrenople se trouua qui dist. Sire si
le duc Florimont ne veut prendre de vous cheuaux, draps, or
ou argent, departez luy des chasteaux & villes de vostre pays,
car s'il demeure en vostre terre
tousiours de guerre vous pourra
garder. Et pour luy vos subiets si

fors se tiendront, que iamais nul
ne vous fera tort. D'amyan dist
que ce conseil estoit profitable,
si pource Florimont vouloit demourer, Mais il pensa que c'e-
stoit follie, & que pour tout l'a-
uoir du monde on ne le tiendroit de retourner.

Le roy Philippes en souspirant, mout pensa, puis dist barons escoutez le duc non moy
seulément, mais tous ceux du
pays à deliurez de grand dommage, dont ne sçay qui bien ie
luy dois faire fors de luy donner ma fille, qui tant est belle
pour espouse, mais ie ne sçay s'il
la vouldroit par tant D'amyan ie
vous encharge que le luy faciez
assauoir & de bref m'en dite sa
responce, vous priant à tous
que l'affaire vous vueillez celer
autant que possible sera.

De ce conseil chachun faict
ioye, & D'amyan à toute diligence va comter l'affaire à Florimont qui ne fut ingrat de rendre graces & mercys.

Le Roy s'en va tandis en vne
chambre ou il trouua sa fille de
laquelle le soulas mout luy plaisoit, si luy mist son bras dextre
au col & commença en telle maniere l'arraisonner.

Fille s'il vous vient à plaisir
demain vous serez mariee au
Roy de Crete qui m'a seruy
longuement.

De ces parolles la pucelle se pafma plus de six fois entre les bras
de son pere qui en print tel courroux que bien penfoit qu'elle fut
morte, mais quant elle fut re-
uenuë il luy commençay à demã-
der qu'elle douleur l'auoit faifie,
& que bien voit à fa couleur que
la deeffe d'amours la tenoit en
fes lacs, fi dift, Fille du tout feray
voftre plaifir, & celuy qui en
ma court choifir voudrez certes
ie me confens qu'il foit voftre
mary fors Florimont, duquel ne
me deuez faire requefte, pourtant qu'il eft de pauure lieu.

Quand la pucelle ouyt nommer fon amy, de rechef la conuint pafmer, & quant elle eut
reprins vigueur dift. Sire i'ay fi
grand douleur au cœur que ie ne
puis auoir la parolle, mais pour
vous le faire court puis que voulez fçauoir mon vouloir, tel eft
mon courage que de tous les
hommes de voftre hoftel ie ne
veux fors le duc Florimont.

Vant le Roy vie
que fa fille luy
auoit faict fi
brefue refpon-
ce, en foy mef-
mes fe print à
rire penfât qu'il ne luy defobey-
roit. A tant print congé d'elle fi
la laiffa gefir toute la nuict & s'ê
retourna au palais, ou quand le
iour fut venu manda le Roy de
Barbarie, celuy d'Affricque, &
plufieurs autres pour les remercier hautement de ce que ils l'a-
uoyent fecouru. Puis leur dift
que Florimont auoit bien merité
d'auoir recompenfe des bons
feruices qu'il luy auoit faicts. Et
pour fon guerdon le vouloir
couronner roy de fa terre en luy
donnant fa fille pour efpoufe. Le
Roy de Crete à qui les parolles
du Roy ne pleurent commença
à parler mout yreement. Sire
parlez à moy, de faire tel mariage pas à prudent ne vous tien-
drois. Et bien fauez que autresfois ay voftre fille quife, mais
dictes moy pourquoy ne me la
vouluftes donner. Certes tous
ceux qui font ycy prefens bien
fçauent de moy & du Duc Florimont lequel le mieux peut valoir. Et voftre fille ne luy deuez
donner tant qu'il ayt acquitté fa
foy vers la dame de L'ifle celee.
Le prince Rifus d'ouyr parler le
Roy de Crete, à peu qu'il n'eft
forty

forty du sens, si luy dist. Sire se vous auez le courage de corps à corps, ou gent contre gent en estat de combat soustenir vostre droit de ce que voulez empescher, ie croy que mon seigneur Florimont ne fera refus de se trouuer où vous voudrez iouster à luy. Leodis qui ne pouuoit se garder de parler tant estoit dolent des parolles du roy de Crete, si luy dist. Sire ie suis assez de petit corsage, mais i'ay le cœur si vaillant que contre le plus fort de vos cheualiers monstreray que vous auez tort, & que meschamment n'agueres parlastes de monseigneur. D'amyan qui tousiours supportoit l'honneur & profit de l'hostel du roy dist. Florimont est si loyal que s'il y à homme qui ose dire qu'il ayt faict villennie ou vergongne ie l'en feray repentir. Seigneurs ce dist le Roy Philippes qui plus de c'est affaire parleroit, cela me tourneroit à ennuy, mais ie veux faire que par mesure droicture soit faicte à chacun. C'est quand Florimont sera couronné si le Roy de Crete le veut accuser de quelque offence qu'il ayt faicte, lors à eux deux demourera le debat. A tant le Roy print la damoyselle par la main, si la donna deuant tous au Duc Florimōt disant. Duc Florimont tant auez esté loyal aux bons seruices que

Florimont,

m'auez faicts que bien est de raison qu'en soyez hautemēt guerdonné. Et pource qué selon la seruitude le loyer doit estre faict i'ay voulu vous faire present de ce que mieux de moy est aymé. C'est que ma fille Romanadaple vous donne par tel conuenant que tant que viuray aurez la seigneurie de la moytié du mien pays, & apres ma mort du tout aurez la iouyssance. Le duc qui riens n'eust voulu fors auoir encores vn soulas auec samye ne fut desdaigneux de faire le vouloir du Roy, si print la dame par la main, & quant il luy eut pluuie sa foy selon qu'il estoit de coustume deuant le Roy sagenouilla pour le baiser en la dextre iambe, apres la damoyselle & autres dames qui la estoyent. Puis le roy fit venir deux cheualiers apportans vn estandard où estoit vn cercle & L'orifant auec vne espee de couleur ynde qu'ils vindrent poser deuant le Roy pour l'honneur de Florimont, lequel en la presence des Barons receut le cercle d'or & la couronne des propres mains du Roy Philippes. De ceste bōne fortune n'eut celuy qui n'ē fut ioyeux sinon le Roy de Crete qui par mal talent s'en vouloit partir & aller hors du palais, mais le roy considerant que loyaument l'auoit seruy souffrir ne le voulut.

L

Tandis que Florimont on couronnoit le soupper fut appareillé si pres qu'il conuint aller lauer les mains pour prendre sa refection. Et en ce banquet ne faut à demáder s'il y eut rien de noueau, car tous instrumens, & ieux y estoyent pour resiouyr la compagnie de la venue du ieune prince Florimont qui la nuiĉt iusques au l'endemain print tant de plaisir auec sa dame qu'en accomplissant les soulas amoureux qu'elle demoura enceinte d'vn beau fils duquel au bout du terme se deliura, & sur les fons le Roy commáda que son nom luy fust posé, ce que fut fait, & l'appella on Philippes, qui depuis fut Roy viuant en grand vertu.

Et si comme en grece l'histoire racompte il fut pere du grand Roy Alexandre. Maistre Flocard qui tout ce bien voit regarda en son escript ou il trouua du Lyon qui s'en alloit auec le patron, & s'acointoit du Liepard à qui le dragon faisoit bataille, si à tant faiĉt maistre Flocard que par astronomie il à cogneu que le dragon estoit Candobras Roy de Hongrie, le Liepard le Roy Philippes qui à donné sa pucelle à son seigneur qui estoit le lyoncel pour lors que la vision estoit venue à son pere, mais maintenant est le lyon grand & fort.

Aussi de l'enfant qui estoit né par les œuures de son prince estoit le rameau qui naissoit de fleur, & du rain vn arbre fut ramé qui s'espádit par tout le móde, ce fut le grand Alexandre qui en fut né depuis.

Or à fortune bien assis & mis Florimót au plus haut de sa rouë si que chacun tant l'aymoit que le Roy Philippes luy donna tout le gouuernement du Royaume fors de recepuoir les deniers de la terre, & qui vouloit sortir hors des prisons à Florimont du tout il conuient parler.

Comment Candobras enuoya vers Florimont luy promettant que s'il le vouloit mettre hors de prison il luy feroit hommage de sa terre, auec de grands deniers luy donneroit. Et comment vn messager vint à Florimót luy dire que l'admiral de Cartage auoit tout destruiĉt son pays, & son pere mené prisonnier à Clauergis fort chasteau.

Asache que les cœurs des hommes au moins de plusieurs soyent plus durs qu'enclumes & perseuerás en leur cruauté, tou-

tesfois quant ils se voyent pris
ils sont plus humbles que jamais
ne furent orgueilleux comme il
appert de Candobras qui sou-
loit estre de dur courage, mais
maintenant il luy est adoucy en
la prison ou il à enuoyé querre
le Duc d'Andrenople pour l'enuoyer au ieune Roy Florimont
faire sçauoir que s'il les veut deliurer pour luy & les trois roys
luy donneroit quatre fois son
pesant dor, ensemble chacun
luy fera l'hommage de sa terre,
& à tousiours le tiendroit à seigneur pour le secourir si quelqu'vn luy fait la guerre.

Le Duc d'Andrenople s'en vint
ysnellement au Roy pour comter tous les conuenans qu'en
chargé luy auoit Candobras,
mais de ce n'eust la responce tât
que le Roy eut assemblé tous ses
Barons pour à chacun en dema-
der conseil. Tous disoyent &
& mesmement le Roy Philippes
que de ce il fist à sa volonté. Lors
Florimont voyant que nul estoit
d'autre opinió dist au Duc d'Andrenople Seigneur faites sçauoir
au Duc de Hongrie que ie ne
veux point de son auoir, mais
seulement son amour, & hóma-
ge, & se il veut estre mon amy
des à present ie luy créace vraye
amour, & foy loyalle, si que
tous les prisonniers emmenera
comme quites. Le Duc d'Andre-

nople ioyeux de celle responce
tost s'en alla au Roy Candobras
à qui il comta tout comme il en
estoit allé. Candobras de ce grã-
dement se resiouyt, puis dist aux
autres prisonniers qui ne sçayt
cœur au monde si vaillant que
celuy de Florimont, car il ne
queroit argent mais honneur
seulement. Atant partirent tous
des prisons, & desirans d'auoir
loüable seigneur s'en vindrent
au palays au deuant les barons
au Roy Florimont firent hommage ces quatres Roys qui de
luy furent receus si honorablement que à tousiours les retint
si bien de ses amys que onques
en iour de sa vie n'eut en volonté de leur fauser les conuenants
qu'il auoit faits. Quant le Roy
Philippes vid que tous estoient
accordez, il requist au Roy Florimont vouloit faire la paix a-
uec le Roy de Crete de ce que au
palays luy auoit dit Florimont
creanca au Roy qu'ils seroyent
amys doresnauant dont il en fut
mout ioyeux, & chacun mena
grand ioye qui tost fut conuer-
tie en courroux : car au palays
vint vn messager tout droit descendre deuant le Roy Florimót
puis luy dit. Sire entendez à moy
tout droit ie viens de vostre terre que l'admiral de Cartage à
destruite & vostre pere prisonnier, à vn fort chasteau.

Par tant sire deliberez de mettre pourueance en c'est affaire, car voltre mere en faict telle douleur que pas ne pense que à mon retour elle soit viue. Le Roy d'ouyr telles nouuelles ne se peut tenir de plorer tāt en souspiroit, mais celuy de Hongrie le réconforta disant. Sire de ce ne vous esbahissez, car iamais de vous ne partirons iusques à ce que voltre pere sera recouuert, & si grosse armee menerons que si l'admiral de Cartage nous attend, faire luy pourrons tel vergongne que prendre l'yrons iusques la ou il est pour l'amener pendre deuant le chasteau Clauergis si voltre pere ne nous rēd, mais pourtant que Clauergis est situé en la mer pres d'vne iournee de l'isle Malgalon en vne roche dessus vn haut, si que il ne doubte assaut de quelque part qu'il puisse venir, il nous faut vser de conseil deuant que telle besongne entreprendre, car vn archier ne pourroit traire depuis le bas iusques au haut en seul coup. Plus dessous Clauergis à vn chasteau sur vne roche si fort que par engin ne sera prins, & cestuy c'est la porte du lieu ou voltre pere est prisonnier. Le portier de cestuy chasteau est homme de cruel regard riche pour soudoyer vne armee, car nul peut auoir de luy congé pour entrer ès prisons s'il ne luy baille cent marcs d'or. Entre les deux chasteaux à vn pont haut esleué si que leauē parfonde de la mer passe dessous, Mais vne chose vous puis dire, c'est que le pont n'est pas vouté, & est faict par tel art que quand il seroit rompu Clauergis n'en seroit pas moins fort. Et à la raison c'est que si tout le monde y venoit, passer les conuiendroit vn à vn don autremēt. Sire encores plus y à l'admiral fit subtillemēt edifier vne porte ou nul homme qui viue soit estrange ou priué n'y passeroit sans estre occis, Car entre la porte & l'estage, gisent deux lyons sauuages & fiers enchainez à chacun deux chaine si que ils ne peuuent aller auant. Et si vient quelq'vn pour les enuahir ou faire courroucer, incontinent se leuent sur les argots pour eux deffendre & à force de tirer font choir les portes tel bruict faisāt que toute l'isle en rebondist, & la sont enclos ceux qui y vont sans iamais pouuoir eschapper de mort. Sous les lyons à trois estages dont au premier à salles & maisons, & au residu sont tous pillers de marbre faicts à fin or par le dessus que vingt sergeans ordonnez gardent le iour & la nuict. Au dessus desdictes bestes est le Roy de perse & voltre pere que iamais l'admiral ne prenx

dra par rançon, Ains les fera
mourir cruellement pour la vengeance de ſõ nepueu Garganeus.
Deſſous l'eſtage moyen eſt la dame de Cartage & ſa fille Olimpias que l'on tient en verité la
plus belle qui viue ſous le firmament. Enſemble pluſieurs pucelles belles & plaines de courtoy-
ſies. Les chambres ſont trium-
phantes à merueilles paintes de
marbre de toutes couleurs & l'or
aſſis par deſſus, gardees de par
vingt ſergeans des plus ſages du
pays de peur que nul fiſt ennuy
aux dames & damoyſelles qui y
ſont. En ce chaſteau arbres por-
tans fruicts y donnent grant ſou-
las, & pour abreger le lieu eſt ſi
profitable que pluſieurs marchans y arriuent en la mer & de
par l'admiral payent les tributs
& peages qu'on y doit. En ceſte
Iſle nommee Malgalon tous
biens habondent : car les foreſts
y ſont grandes & les eauës douces pour peſcher.

Andobras ioyeux d'e-
stre hors des prisons
& auoir recouuert vn
si notable seigneur dõ
na en conseil qu'il falloit bien
atourner les passages & droit en
Cartage s'en aller pour prendre
cestuy admiral se possible leur
estoit, de ce conseil Florimont
fut si ioyeux que pour le soulas
qu'il en eut mist tout dueil en
oubly, & puis grandement le
remercia disant que tout seroit
faict à sa guise. Lors incontinent
que deliberation fut faicte de
mettre ceste entreprinse à fin les
messagers & varlets firent garni-
sons dedans les nauires de tous
biens pour substenter les corps
humains & de harnois conuenables à gend'armerie, ensemble
de foing auoynes pour les cheuaux. Et quant tout fut mis en
ordre ils se trouuerent six vingts
galeres sans celles qui venoyent
de ses amys. Florimont qui de
tous estoit aymé trouua qu'il

auoit plus de Cheualiers qu'il ne
cuydoit, car D'affricque, Barbarie, Crete, Coulongne, Rou-
sie, & deuers Lecoingue venoyent cheualiers de grand randon pour le secourir contre l'admiral de Cartage. Aussi y vint le
Roy Medon D'esclauonye, garny de dix mille combatans tous
armez, & par la haute mer des
parties de Babilone sont venus à
Macedoyne enuiron vingt mille gensd'armes. Le Roy Philippes voyant tout ce bernage le
cœur luy rist de ioye qu'il auoit.
Et le nombre d'armee bien estoit
estimé à deux cens mille, qui
tous ne peurent heberger en la
cité, & sans les Nobles Ducs &
marquis qui y estoyent. Sept
Roys y estoyent de comte faict,
sans nommer le Roy Florimont
qui fist demourer le Roy Philippes, parce qu'il estoit vieil & si
caduc, que plus ne pouuoit endurer les peines de la gend'armerie.

A tant Florimont print congé
de son pere, sa mere & sa femme
qui le baisa ayant le cœur triste
& dolent. Flocard esperant, viure ou mourir en tousiours pensant au profit de son Seigneur
luy dist.

Sire tous ses gensd'armes n'y-
ront pas droict en, Cartage se
croyre me voulez, ains au partir de ceste place nous yrós droit

à Clauergis, iusques au deſſous le chaſteau. Et quant la ſerons arriuez vous prendrez habit en forme de marchant ſans faire ſemblant que la guerre deman-dez. Puis deffendrez à la gend'ar-merie ne faire noyſe ne bruict, car ià n'entrerez en Clauergis ſi ce n'eſt par ſubtil moyen.

Apres que Florimont euſt ce conſeil mout bien eſcouté fort le priſa, puis s'en allerent droict és nauires pour leuer voilles au vent & mettre les ancres com-me il appartenoit.

A tant nagerent à grand ex-ploict droict au chaſteau de Cla-uergis. L'admiral de Cartage ne cuydoit pas que nul homme oſaſt contre luy guerroyer ne entrer en l'iſle pour faire mal, parquoy peu s'en donnoit de garde dont en la fin il ſe trouua deçeu, car Florimont & ſes gens nagerent par ſi grand vertu que en Mal-galon ſont arriuez, ou bellement ſans faire bruict leurs nauires encrerent, & celle de Florimont nagea iuſques aupres de Clauer-gis ou il print terre, & ſe atour-na ſi bien de veſtures comme flo-card luy auoit conſeillé que nul homme de celle côtree n'eut de luy la cognoiſſance, car à ſon ſemblant n'eſtoit allé pour de-mander la guerre, & eſtoit affu-blé d'vne chappe, auſſi ſur ſon chef auoit vn chappeau ouuré d'or qui eſtoit eſtimé enuiron cent marcs d'argent. A tant s'en alla Florimont & Flocard vint à chacune nef pour dire à tous Seigneurs s'il venoit à vous au-cuns ſergens de Liſle, ou de Cla-uergis, faictes que pas ne s'en retournent & en detenez les te-ſtes pour le moins, mais pour-tant que mon ſeigneur donnera ſon chappeau à ceſtuy de ce cha-ſteau de paour qu'il ne ſoit affol-lé vous luy ferez honneur, en ſorte que s'il le peut amener vous luy monſtrerez les morts dont il aura ſi grand paour que ainſi ne luy aduienne que iamais de no-ſtre affaire n'en reculera à nully, Mais plus toſt mettra conſeil comment nous aurons Clauer-gis, car ſi par luy ne la prenons par autres ne ſera poſſible.

Tous ceux des nauires dirent que bon conſeil auoit donné maiſtre Flocard, & que bien e-ſtoit la raiſon que ceux qui te-noyent le Pere de leur Sei-gneur fuſſent pugnis iuſques à la mort.

Le Roy Florimont s'en va es-banoyant tout droict à Clauer-gis ou en allant il rencontra Al-patris auec vingt ſergeans mon-té ſur vn cheual qui eſtoit paiſi-blement arreſté & regardoit les Nauires diſant que là eſtoyent gens qui faiſoyent ſemblant de demander la guerre, &

que cestoyent marchãs de terre
estrange qui vouloyent aller en
Surie pour vendre ou achapter.

A tant delibera d'aller voir les
nauires promettant aux vingt
sergeans qu'il menoit leur donner outre le peage de son seigneur tant de biens que à tousiours en seroient riches, & que
s'il y trouuoit aucuns bourgeois
qui contre luy vousist resister
boire le feroit dedans la mer iusques au mourir. Alpatris s'en va
les vingt sergeãs auec luy de par
l'admiral de Cartage le peage
leur demander, & en allant ren-

contrerent le Roy Florimont
qui ne les salua nullement dont
Alpatris le tint à si grand follie
que comme forsené vint saisir le
Roy par le frain de son d'estrier
pour luy faire quelque ennuy,
si luy à dit ireément. Mout me
faites grand deshonneur quant
contre moy ne descendez pour
me dõner quelque salut, & croy
que pour le grãd auoir que vous
menez estes si orgueilleux que
ne daignez tenir parolles à gens
plus honnestes que vous. Florimont qui volontiers sans faire
requeste se fust vengé de l'iniure que

re que Alpatris luy faifoit dift
mout dolent. Seigneur ie fçay
que follement enuers vous ay
offenfé dont ie vous prie que
ainçois que me faciez outrage
vous prenez de mon auoir, car
les marchans que voyez me a-
uoyent enuoyé vers vous pour
les couftumes du pays. Or mauez
vous bleffé à tort veu que ce que
ay faict ce à plus efté par igno-
rance que par orgueil, & fi croyre ne me voulez amenez auec
vous plus de compagnons & allez contre les nefs vne à vne &
mettez en chacune vn fergent
qui vous diront toute la verité,
car fi autre que vous n'y alloit,
en la nef à des bacheliers mout
orgueilleux qui toft fe vou-
droyent courroucer fi à droict
n'eftoyent comtez. Alpatris refpondit que par fa foy affez aura
de compagnons pour mettre'à
fin fon entreprinfe, fi s'en alla au
Chafteau & amena tous les fergeans fors ceux du dernier efta-
ge & le portier, puis tout le premier ioyeux fans fçauoir que mal
heur on luy preparoit chemina
vers les nauires.

Infi comme vous a-
uez ouy Alpatris &
fes fergeans reme-
nerent Florimont
deuers les nefs efpe-
rant mettre fin à leur entreprinfe, mais il leur aduint autremét
parce que le Roy auoit aduerty
tous ceux de fon armee de ce
qu'ils deurent faire, & en cheminant telle fut l'aduenture que
Solimant gardien du Chafteau
fouuent regardoit le chappeau
de Florimont & tant luy pleut
que il luy demanda s'il ne le vouloit point vendre & dont il l'apportoit. A ce refpondit le Roy
qu'il l'apporroit de fó pays, mais
puis que du chafteau auoit la garde il luy donnoit par tel conuenant qu'il luy pourroit rendre
quant il en auroit befoing & Solimant fi accorda. Quand Alpatris vit que le marchant auoit
donné fon chappeau comme forcené qu'il ne lauoit eu comméça
à dire que de villain on n'auroit
bien fi ce n'eftoit par viue force.
A tant pourpenfa qu'en vn autre
lieu en prendroit recompenfe, fi
s'en vint aux nefs ou à la premiere laiffa Solimant afin que plus
pres fut de Clauergis pour fe dó-
ner garde fi perfonne y entreroit
M

puis Alpatris & ses sergeans mis deux à deux en vne nef. Ce faict Florimont dit qu'il montast plus auant pour trouuer les richesses qu'ils auoyent amenez. Alpatris monta ttellement tant qu'il vint en vne nef ou il trouua le Duc Sis qui bien auoit ouy la parolle & la vergongne qu'il auoit faict à son seigneur, si le print par la barbe & le menton luy disant. Fils de putain icy venez à vostre dommage quand vous osastes prendre le meilleur Roy qui soit ne par le frain de son palefroy, or maintenât vous en rendray tel guerdon que ià ne vous ne vos sergeans n'echaperez sans endurer les passages de mort.

Lors le duc Dasie gueres ne seiourna que il mist le fer de son espee à trauers le corps de Alpatris & de deux sergeans qui auec luy estoyent, & aux autres nauires fut si bien expedié que nuls des sergeans n'eschapperent fors Solimant à qui l'on monstra tous ses compagnons morts dont il eut si grand merueille que pas n'en cuydoit eschapper.

Flocard qui auoit tout ce mout bié conseillé commença à parler à luy. Solimant entendez à moy, vne parolle veux dire qui vous portera grand profit, c'est que tous les marchans que voyez sot l'armee du Roy Florimont, qui

accompagné de sept Roys est venu en ce pays deffendre faignant de ne vouloir guerre leuer mais son desir ne pretend fors à deceuoir l'admiral de Cartage qui tient son pere prisonnier au chasteau de Clauergis lequel te luy conuient rendre ou maintenant te faut mourir & si tu veux en c'est affaire luy dôner secours facillement pourras venir à grands honneurs, & dés à present il te fera don perpetuel de son chappeau qu'on estime cent mares d'argent.

Solimant bien à ouy Flocard, & voyant le Roy de l'autre costé dist. Sire bien voy que m'auez prins afin que vous rende le chasteau, & maintenant si ie vous veux contredire occire me pouuez, mais soyez seur que pour endurer mort ia ne feray tort à mon seigneur, ains luy porteray foy & amour ce que faire ne deuroys, Et la raison c'est que trois freres fusmes fils de côte, ausquels l'admiral fist si grant honte & vergongne, que les deux de dueil en moururent, & moy icy fus retenu ou ie vis sans reconfort.

Ensemble il print l'heritage de mô pere sans iamais luy auoir meffaict, puis l'emmena es prisons de Cartages, ou tant le fist remanoir qu'en pourriture fut consommé, sans que iamais il

m'en requist pardon, ains me fist
outre mon courage faire hommage de mes possessions, dont
tant m'en desplaist que si depuis
eusse peu trouuer vengeance côtre luy, Certes ie l'eusse du tout
accomplye. Or vous ay dit la verité dont maintenant en considerant la foy que luy ay promise
& la cruauté de luy contre mon
pere pouuez iuger selon vostre
sentence si ie dois rendre Clauergis, car pour eschapper la mort
si par raison rêdre le dois de bon
cœur feray trahison. Pourtant sire faictes iuger selon la loy, en
regardant le droict & tort de
mon seigneur si ie dois à vous
obeyr. Le Roy bien entendit les
parolles de Solimant si fit appeller son conseil ou se trouuerent
les sept Roys pour en iuger selon qu'il estoit de raison, mais
maistre Flocard qui mieux sçauoit les choses aduenir que nul
deux ne sçauoit celles depresent,
vint au conseil ou comme forsené parla au roy. Sire ie suis esmerueillé de ce que vous demourez tant, car ce icy estes cogneu
iamais tant que viurez n'entrerez
en Clauergis.

Or si voulez vser du mien conseil, vous prendrez les habits
des sergeans morts pour de vos
gens reuestir, puis les enuoyerez denisans pres de la mer iusques au donjon de Clauergis &
tous ceux qui sont au chasteau
cuyderont estre les gens de la
mesgnye de leur seigneur. Tous
les sept Roys barons & Comtes
qui la estoyent presens commencerent à huer que Flocard auoit
donné bon conseil. Et ce qu'il
dist fut faict en briefue heure
dont ceux des nefs bien ressem-
bloyent les trespassez. Le residu
qui estoit demouré au chasteau
pensant que ce fut Florimont &
prenant ioye des richesses qu'il
leur deuoit apporter tous eussét
voulu estre auec luy, mais s'ils
eussent sçeu la fortune & la peur
en quoy ils se voyoit, de telle
chose desirer ne leur eut esté a-
greable. Le roy de Crete considerant long temps qu'il deuoit
dire sur les parolles de Solimant,
or fut celuy de Barbarie & celuy
D'anconie qui tous en fin iuge-
rent qu'il deuoit le chasteau rendre. Candobras roy de Hongrie
môstra par ses parolles que tous
touchant ceste affaire auoyent
sous vn maistre estudié, car il se
trouua de leur oppinion fors que
quant il auroit rendu le chasteau
si qlqu'vn venoit pour l'accuser
de trahisô le roy seroit tenu me-
tre vn cheualier en aduenture
pour soustenir cil qui auroit bon
droict. Solimant de ce conseil si
bien se contenta que sur leur foy
& sêtmêt que sur ceste affaire ne
côtredisoyét ce qu'ils firent puis

demanda l'hommage, & creance comme d'oresnauant il le tiendroit à seigneur.

Apres que Solimant eust iuré que à iamais il le tiendroit pour seigneur, il demanda vn palefroy, & son chappeau pour aller vers le chasteau pour trouuer aucun moyen s'il pourroit faire descendre les sergeans qui estoyent demourez au dernier estage, & auecques luy les ame ner. Toutesfois il pria au Roy que hommage ne leur fust fait, ce que luy creanca, mais bien dist Solimãt que le portier estoit orgueilleux, & grandement desiroit deniers pour souffrir qu'on entrast au chasteau. Toutesfois pour trouuer moyen de luy faire ouurir la porte Solimant dist au Roy. Sire faites bien atour ner vos barons tandis que deuãt iray voir en quel estat le portier, car s'il à courroux ou dueil quelconque iamais au chasteau n'êtrerez, & s'il est en ses ioyeu setez nous pourrons mener vn cheual chargé d'argent, & vos gens qui ont les habits des tres passez viendront apres si que ceux du chasteau penseront que ce soit Alpatris, & ses compai gnons. Ce conseil prins Soli mant monte à cheual vn arc, & deux sagettes en sa ceinture, si est venu iusques à la porte ou appella fort le portier & à ceux qui estoyent aux fenestres mon stra le chapeau faisant signes que fortune luy auoit amené des biés plus que iamais ne pourroyent despendre. Puis comme celuy qui desiroit prendre vengeance contre l'admiral de Cartage dist au portier qu'il fist descendre les cheualiers de lassus, & que les marchans du port estoyent si or gueilleux que ià auoient deffait plusieurs des sergeans & detenu Alpatris comme prisonnier, le portier qui bien eust ouy qu'en tel affaire il y auoit à gaigner, fist venir ceux qui estoyent à mont, & quant ils eurent le põt passé Solimant commença à les deffier, disans que à son seigneur n'auoit amour ne fiance, à tant leur tyre vne sagette & ceux de dedans luy ietterent des pierres, mais c'estoit tout en gaberie, car ils ne pensoyent la trahyson que faire vouloit, le portier commé ca à les huer disant que trop tar doient d'aller mettre les bour geois à destruction, si ouurit la porte, puis tous accompaignez de Solimant s'en allerent aux nefs ou furent detenus, mais ce fust plus tost en leur faisant hõ neur que dommage.

Le Roy qui de tout c'estoit aduerty auoit cent de ses meil leurs cheualiers tous en guyse de marchans vestus de grandes chappes, & dessous auoiét leurs

eſpees pour s'en aller droit à Clauergis ou en allant Solimant le
premier marchoit, & deuant luy
le rouſſin chargé d'argent.

Apres marchoient les com-
paignons qui bien ſembloyent
eſtre ceux qui eſtoient morts.

Tant firent qu'à la porte arri-
uerēt ſi diſt. Flabor ouure l'huys
& reçoy ce que t'apportent ces
marchans, car il ne peut que à
iamais tu ne ſois riche.

Quant Flabor vid par les fe-
neſtres ceux qui eſtoient à pied
il diſt. Solimant tu ne fais pas
bien ce que tu dois, quant n'a
mis auec toy de nos ſergeans
pour t'ayder à cõduyre ces bourgeois, diſt Solimant, ſe tu ne
veux la porte ouurir, & prendre ce que chacun t'apporte, ie
m'en retourneray vers Alpatris
& luy feray preſent de tout.

A tant Solimant faignit de retourner, & quand le portier le
vid il luy eſcria qu'il vouſiſt remanoir, & que il alloit ouurir la
porte.

Adonc vint puis tendoit les
mains ſignifiant qu'il fuſt con-
tenté deuant que perſonne y en
traſt.

Le Roy qui de ce eut tel dueil
par deſdain le print aux cheueux
ſi qu'en la terre le fiſt flatir,

Flabor ſe voyant ainſi atourné bien releuer ſe cuyda pour
frapper le Roy d'vn couſteau d'a-

cier qu'il auoit à ſa ceinture,
mais pourneant s'en trauailla,
car Florimont par grand ire de
ſon eſpee luy donna tel coup
que la teſte luy fiſt voler des eſ-
paules iuſques à la terre, & le
corps luy fit voller & fut ietté en
la mer. Lors peurent facillemēt
prendre le donion, mais ce n'e-
ſtoit celuy de Clauergis, auquel
pour aduenir conuenoit paſſer
de perilleuſes aduentures.

**☙ Comment Florimont par le
conſeil de Solimant entra iuſques au moyen eſtage du chaſteau de Clauergis, ou eſtoit
la dame de Cartage, & ſa fille
Olimpias, & des aduentures
qu'il eut deuant que il fuſt entré.**

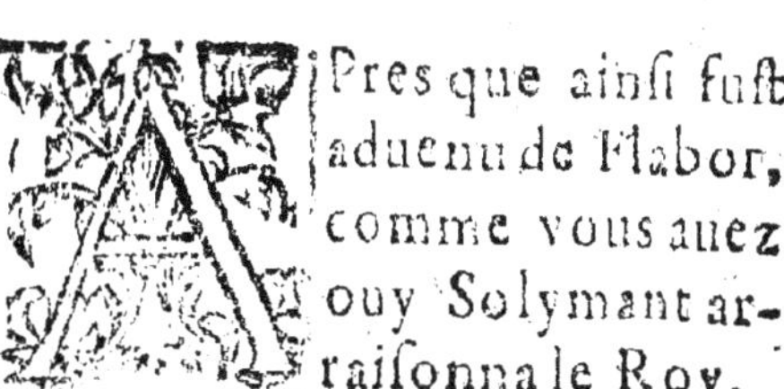

Pres que ainſi fuſt
aduenu de Flabor,
comme vous auez
ouy Solymant ar-
raiſonna le Roy.
Sire le donion qu'auez prins eſt
la moindre aduenture que ceans
qui vous puiſſe aduenir, car le
paſſage que voyez eſt le plus pe-
rilleux par ce que deux lyons
ſauuages empeſchent l'entree ſi
que ceux qui dedans ſont ou du
paſſer deſſus le pont ſõt eſchap-

pez peuuent bien dire que mauuais paffage ont cogneu. Pourtant que le pont eft compaffé
d'vn engin fi fubtil que fi deux à
la fois y vouloyent paffer il rõ-
proit, ou ceux d'amont le tire-
royent tant qu'on feroit au plus
haut de la roche, & puis de la
ils les plongent en la mer. Or dy
entrer feul à feul on peut facillement, dont ie pafferay le premier, mais apres moy enuoyez
vn des meilleurs cheualiers qui
font auecques vous lequel ver-
ra l'entree, & yffuë puis vous en
comptera la verité. Le Roy tout
ce bien efcouta, fi dift que auec
luy aller vouloit. Sire dift Solimant fi vous venez ne portez
haubert ne heaume & laiffez voftre trenchante efpee, car la porte eft d'aymant qui tireroit le fer
à elle fi que iamais ne le pour-
riez iamais rauoir tant que vous
fuffiez occis.

Le Roy refpond à Solimant
que tout fon commandement
fera & ià pour dommage qui
luy puiffe aduenir ne voudroit
remanoir que le paffage n'ffayaft

De ce les barons ont grand
paour que le Roy n'y foit affolé.

A tant Solimant eft le premier
paffé puis luy tourna le pont, &
le Roy par grand vertu s'en alla
iufques en haut, mais ne fut fans
que les lyons ne le fentiffent qui
bien fe cuydoyent leuer de la

place n'euft efté que Solimant
les menaffoit.

Ele par amytié ie vous prie
que retournez à vos cõpaignõs,
car le blafme fur moy feroit mis
fi de ce lieu võ emportiez bleffeure. Dift Florimont.

Solimant ie te rends mercys
pourtant que tu m'as fait hommage, & ne me dois mon dommage louer, car de faire telle
couardife en ayant paour d'eftre
nauré aymerois mieux perdre la
vie. A ce refpond Solimant.

Sire pourtant qu'affez cognois
que peu le paffage doutez, ie
veux auec vous en ceft affaire
viure & mourir.

Or vous tenez aupres de moy
pour ifnellement paffer la porte que voyez defcendre.

A tant pafferent le portail qui
cheut par tel defdaing que toute la roche fait bondir, & quafi
n'en peut le Roy fans mort ef-
chapper, car fes veftemens furent tellement defrompus que
au cofté luy fift bleffeure.

Quand ils furent au chafteau
Solimant dift au Roy que de re-
culer ou aller auant il ne pouuoit fans faire les lyons courroucer qui ià pieça l'euffent mis
à la mort s'ils euffent efté def-
chainez.

Le Roy dift que peu priferoit
leur cruauté fe il tenoit fon efpee trenchante, & Solimant

pẽfa que s'il auoit occis les lyõs
ne ſçauroit ſur qui en tourneroit la perte.

A tant diſt de paour que mal
ne luy aduint que il yroit deuant les lyons acointer & que
tandis le róy paſſer pourroit yſ-
nellement, car s'il eſtoit d'eux
apperceu nul ne le pourroit garder de mourir.

Le Roy en tout s'accorda, &
Solimant s'en alla grater les
lyons, tandis que Florimont à
la porte print deux eſcus que
pas ne pendit à ſon col, ainçois
en miſt l'vn au coſté dextre, &
l'autre en la ſeneſtre partie aſſez
de luy eſlongnez, puis s'en vint

deuers les lyons qui toſt les luy
rauirent aux ongles, ſi que contrainct fut de les laiſſer, & combien que Solimant le deffendoit
ſi ne peut il le Roy garentir que
en la cuiſſe, & au coſté ne fuſt
nauré moult durement, toutesfois ne delaiſſa paſſer les beſtes
ſauuages dont Solimãt en print
grande merueille & diſt au Roy.
Sire oncques ne vis homme de
ſi haute proeſſe comme vous &
par droit auez nom Florimont
à qui tout le monde doit obeyr
pourtant que fleur de cheuale-
lie en vous peut eſtre recouuerte. A tant Solymant benda ſes
playes leſquelles ſans longue

de mourance furent gueryes par
loingnement qu'il auoit recouuert au monstre comme la dame
de l'isle ce lee luy auoit conseillé.
Puis tous deux commencerent
à monter en haut par les degres,
de marbre noir, & en allant le
Roy s'esbahissoit mout de voir
triumphans edifices & grandes
maisons toutes bordees de fin
or & argent & montez sus pillers de marbre coulourez de tou
tes paintures.

E Roy Florimont qui
tousiours mieux eut
aymé souffrir la mort
que de laisser ses en-
treprinses imparfaictes
vint iusques au moyen estages de
Clauergis ou sans qu'on luy mõ-
strast la dame de Cartage bien la
cogneut pour la beauté & dons
naturels qui en elle reposoyent.
Si la salua humblement ensemble
toutes les pucelles puis se posa sur
le noir marbre pensãt que la dame luy rendroit son salut, ce
quelle ne fit ainçois fit Solimant
appeller puis luy demanda de

l'estre & la verité dont ce messager venoit, disant que mout a-
uoit en luy grand orgueil de l'a-
noir saluee sans dire mot. Aussi
que fort s'esmerueilloit commét
il auoit eschappé le peril des
lyons & de la porte. Dame dist
Solimant ce n'est mye vn messager, mais le meilleur cheualier
qui soit dessous le firmament, car
il est Roy de Macedoyne preux,
sage, & courtois qui est accompaigné de sept nobles Roys &
vaillans Barons tous armez dedans leurs nauires au port de lisle
Malgalon. Et la cause qui le conduict en ceste terre c'est que tant
vous à aymee que plus n'est en
lieu voulu remanoir sans se mettre en aduenture de mort pour
vous venir visiter. Et certes quãt
ie luy dis que ceans sans mourir
ne passeroit il ietta vn grand
soupir disant que plus il ne quer-
roit fors la mort pour l'amour de
vous. Solimant de mot à mot à
tout si bien comté à la dame que
sans demouree le courage felon
quelle auoit fut par amour &
pitié attendry, si que tant luy
plaisent les parolles Solimant
que de douleur à parler comméça. Bien ie cognois que par mon
orgueil fus deceuë quant refusay
donner salut au Roy qui pres de
moy est venu prendre siege &
qui pour le mien amour à passé
tant perilleuses aduentures que
maintenant

maintenant en toutes choses faire debuerois son plaisir, Certes
se à moy il luy plaist, parler puis
qu'il c'est mis en telles aduentures à tousiours pour samye retenir me pourra. Ces parolles finees la dame luy vint donner le
salut, puis la print par la main
dextre disant. Sire leuez vous &
demandez ce qui vous sera necessaire, car par moy n'en serez
esconduict. Le roy ne fut ingrat
de luy rendre graces & mercys,
puis la dame le mena en sa chambre & sur vn lict ou ils sassirent
le commença mettre à raison. Sire dist elle bien suis vers vous
tenuë quant moy auez mis tout
en aduéture de mort, mais pourtant que faux amis ont les cœurs
troublees & langues doubles
contre amours si que souuent
quant langue parle elle pense en
autre escolle, vne femme seroit
bien mal conseillee se par bel accointement ou parler elle vouloit vn homme croyre toutesfois vn vrey amant sa langue re-
tient en son cœur sans y penser
aucune deceuance & bien voudrois que au nombre de tels sus-
siez escript afin que s'il venoit
a point i'eusse cognoissance de vostre amour. Dame dist le Roy
Florimont de fols amys ie sçay
l'estat, mais fol amy ie ne puis
estre, car qui vers amours porte la trahison n'est pas amy, mais

ennemy desloyal, & de ma part
si trouué si i'auoys loyalle amye
toute ma vie n'en partirois. La
dame sçeut en briefues parolles
que Florimont par mesure &
droicture parloit, si pourpensa
se retirer vers luy, & selle voit
son espace le baiseroit des foys
plus de cent, ce quelle fist dont
Florimont en fut si ioyeux que
quant ses playes eussent deu em-
pirer si luy rendit il la pareille en
luy donnant maintes accollees.
Lors la dame l'emmena au tresor
ou estoyent soyes de toutes sor-
tes si luy dist. Seigneurs maintenant estes en ma puissance &
puis faire de vous ce que vn autre ne pourroit, mais pour toutes choses soyez seur que ià d'icy
ne partirez se voltre foy ne me
baillez comment masseurerez
me prendre pour espouse & se
ainsi le faictes pourrez auoir le
chasteau & moy aussi facillemër.
Florimont pourueu de sa responce dist. Dame ie vous iure que de
tout mon pouuoir & eh ce que
voudrez que ie face mettray peine à vous obeyr. La dame fut si
contente de la promesse de Florimont que bien dés ceste heure
presente eut voulu qu'ils eussent
prins les deduicts d'amours. Tandis que le Roy estoit à Clauergis
ou pas ne prenoit mélencolie, ses
Barons & escuyers de dueil qu'ils
auoyent de ce que tant mettoit à

retourner faisoyent grans pleurs
sur le riuage des vndes marines,
& pensoyent que Solimant ne
l'eut occis par trahison. Si pourpenserent de tuer tous les sergeans qu'ils tenoyent, mais Flocard qui de tout sçauoit la verité leur donnoit bon reconfort
disant qu'il n'estoit mort ne affolé, & que le l'endemain il seroit
vers eux de retour.

La dame qui tout ce pouuoit
ouyr dist à Florimont que par
amours luy declarast se riens sçauoit qu'elle douleur ceux de ce
riuage tourmentoit.

Le Roy luy respondit c'est
pour l'amour de moy, car riens
ne sçauent de mon estre, mais
humblement ie vous voudroye
prier que vn peu parler à eux ie
m'en allasse.

Comment la Dame de Car-
tage donna vne noble boyte
d'oignemens à Florimont
qui portoit de grandes
vertus. Et de la pro-
messe qu'elle luy
fist faire, autre-
ment ne sor-
tiroit de
Clauergis.

Ourtant que vn
cœur loyal ne doit
penser trahison la
dame fist son de-
uoir d'acquerre la
la beneuolence du
Roy Florimont duquel craignāt
perdre l'amour & afin que sans
pareil il la peut reuenir visiter
toutesfois que bon luy seroit elle s'en alla au tresor ou print vne
boyte d'or masif plaine de bons
oygnemens, puis s'en vint au
Roy & luy dist. Sire prenez c'est
oygnement que ie vous donne,
& quant vos mains en aurez fro-
tees pourrez facilement des-
clorre la porte de Clauergis &
gesir entre les lyons. Et en toutes choses que aurez affaire pour
vous en ayder n'en deuez faire
nul espargne, car tant n'en sçau-
rez prendre que deux fois autant
n'en reuienne. Sire il est de telle
vertu que au monde n'a beste si
sauuage qui tost ne soit priuee
de celuy qui sur luy la portera.
Et pour l'essayer si allez gesir a-
uec les lyons vous verrez incontinent que l'oygnement auront
sentu pres de vous yront prendre repos la porte feront ouurir.
Et si amenez auecvous gens pour
le Chasteau garder faictes les
oindre, puis pourrez au chasteau
aller & venir.

De tel don bien appartenoit
que graces en fussent renduës, ce

que fiſt Florimont, puis deſcen-
dit aual accompagné de Solimāt
& quant il fut entré trouua les
lyons plus doux que brebis. Auſi
la porte ſe ouura ſans y faire at
touchement. A tant le Roy appella Solimant ſi luy diſt. Tu t'en
yras faire le pont abaiſſer puis à
mes gens qui ſont en leurs naui
res diras que ie ſuis ſain & hayté
en ce chaſteau de Clauergis. Solimant diſt qu'il n'auoit en luy la
hardieſſe de mettre à fin ce qu'il
luy commandoit, car il auoit
doute que la porte ne fut cloſe à
ſon retour, ce nonobſtant Florimont tant le coniura qu'en la
fin ſe conſentit d'aller querir
maiſtre Flocard le prince Riſus
& tous les Roys Contes & Barons des nauires pour venir dedans le chaſteau. A tant s'en alla
le meſſager iuſques au bort de la
mer, ou quant fut apperçeu de
l'armee chacun luy vouloit courir ſus pour l'occire pourtāt que
auec luy ne remenoit leur ſeigneur, & ſi ne fuſt maiſtre Flocard deuant qu'il eut gaigné le
port ſon corps euſt eſté party en
des pieces plus de cent. Solimāt
qui bien cognoiſſoit que telles
gens ne luy vouloyent point de
plaiſir de loing leur commença
crier mercy diſant. Seigneurs eſ-
coutez ce que dire ie dois, le roy
mande à tous ceux de la compagnie bon ſalut & grand amytié,

& leur faict aſſauoir meſmement
aux nobles ſept Roys, Riſus,
maiſtre Flocard & le ſeneſchal
d'amyan qu'ils'en vienne au chaſteau de Clauergis qu'il à prins
par ſon fier hardiment ce que iamais homme eſtrange tant eut il
de puiſſance ne ſçeut faire ſans
endurer la mort & la trouueront
faiſant ioye & lieſſe auec la dame de Cartage qui tant eſt de ſon
amour emprinſe que pour riens
ne la lairroit aller. Quant ceux
qui eſtoyent és galleres ouyrent
leur ſeigneur n'eſtre mort ne affollé à grand ioye & deduict re-
ceurent le cheualier, puis les
ſept Roys, & ceux qui auoyent
eſté mandez vindrent mout volontiers vers le Roy & tant firent qu'ils vindrent au pont pe-
rilleux, ou quant virent qu'il y
auoit ſi dangereux paſſage plus
de cent s'en retournerent, tant
douterent que mal ne leur en
aduint.

Toutesfois trente dés meilleurs qui eſtoyent paſſerent le
pont vn à vn, & quant vindrent
à la porte perilleuſe le plus aſſeu-
ré eſtoit nauré de crainte, laquelle leur fut oſtee par la vertu
de loygnement.

Puis monterent apres Solimant qui leur monſtroit chambres, voutees, & cheminees toutes paintes de fin or, dont les
Barons en prenoyent telles

merueilles que pas ne cuydoyēt
que la dedans ce ne fuſt vn droit
paradis. Apres que Solymāt leur
eut fait les remonſtrances de la
richeſſe du chaſteau les amena
en l'eſtage moyen ou eſtoit la
dame de Cartage auec pluſieurs
pucelles toutes ayant ſi bonne
contenance qu'il ſembloit que
elles n'euſſent eſté faites ſinon
pour les regarder. De toutes
parts furent donnez ſelon qu'en
nobleſſe appartient, puis Florimont diſt à Candobras. Seigneur
de Hongrie allez aupres m'amie
prendre vn peu de recreation en
la requerant de ſon amour. Candobras l'en remercia diſant que
tel octroy n'eſtoit pas de refuſer. Si s'en alla pres de la dame,
& chacun des autres print des
pucelles ſa pareille pour deuiſer
de toutes choſes amoureuſes.

※ Comment Florimont requeſte à la dame de Cartage que
les priſonniers fuſſent deliurez , cō quelle voulut. Et
comment il ſe cuyda celer à
à ſon pere dont il le fiſt tenir
long temps en paſmoiſon. Et
des regrets que il eut penſant
eſtre cauſe de ſa mort.

Tandis que chacun de-
uiſoit Florimont eſtoit
ſi durement attainct de
paternel amour que
pour ſon pere mout ſouſpiroit:
car ne ſçauoit s'il eſtoit mort ou
vif. A tāt ne ſe peut tenir de parler, eſperāt que la dame pour luy
vſeroit de quelque courage be-
ning, ſi diſt. Dame pourtant que
i'ay ouy dire que au parfond de
ceſte roche Roys, Contes, ducs,
barons ſont priſonniers detenus , ie vous requiers d'amour
loyalle que leur vouliez donner
deliurance. La dame n'ayant en
ſon cœur autre penſee que d'o-
beyr en toutes choſes à ſon amy
luy creança toutes demandes,
puis commanda à Solimant qu'il
deſcendiſt dedans la baſſe foſſe
pour amener les captifs tant pe-
tits comme les grands. Le prince
Riſus, Flocard & d'Amyan ioyeux de leur bonne fortune vou-
lurent Solymant accompaigner,
ſi prindrent tous de la chandelle
ardante puis le ſuyuirent tant
qu'il vint pour ouurir l'huys de
la priſon que les deux lyons gar-
doyent. Et quant au bas ſont de-
uallez viſiterent tous les lieux
ou trouuerent grand nombre de
priſonniers. Entre leſquels le
Roy de Friſe, le riche duc de ca-
miſe & le Roy de Perſe cogneu-
rent, puis vn peu plus auant allerent ou trouuerent le duc D'al-

banie estant plus loing de la vie
que de la mort. Le prince qui iamais ne l'auoit veu pour en a-
uoir la cognoissance commença
l'arraisonner. Sire ie vous requiers de tout mon cœur que
me faciez à sçauoir dont vous
fustes cy amené, & de quelle
terre auez prins vostre naissan-
ce, Le duc pensant qu'il fust venu pour luy faire sentir les passages de la mort dist. Seigneur puis
que ne dois viure longuement
maintenant vous me pouuez oc-
cir comme des long temps ie desire. Atant le Duc baissa le chef
& se mist du tout à la misericorde du prince qui en eut si grand
pitié que se pasmer luy conuint,
puis quât il fut reuenu derechef
luy fist priere pour sçauoir dont
il estoit né. Le Duc à celuy respond. Sire pour tous les biens
qui sont sur terre vn coup mentir ie ne voudrois. Par tant puis
que tant m'auez coniuré que ie
vous die de mon estre, sachez
que suis duc d'Albanie qui fus né
en ceste terre, mais l'admiral de
Cartage pour prendre vengeance d'vn sien nepueu qui fut mort
par la main de mon fils me dé-
struit tous mes heritages, puis
mallement me fait traiter en ceste cruelle prison, & de sçauoir
ou est mon fils ne m'est possible
pour le present. Mais ie suis seur
que quant il fut né, vn maistre
qui estoit en ma court me dist
qu'vne fois en mon viuant ie le
verray auoir si grand seigneurie
que mon tort pourroit venger,
mais le côtraire bien ie cognois
car maintenant pour luy ie suis
liuré à mort, car il s'en alla mout
pauurement seulement de son
maistre accompaigné, & tous
deux cómme ie pense qu'ils sont
hors de ceste vie humaine. Or si
de present il viuoit peu en aurois de reconfort:car de m'oster
de ces prisons n'est homme qui
eust la puissance, parquoy puis
que mon fils ayder ne me peut
vie ne m'est conuenable ainçois
la mort ayme, & desire pour
trois choses seulement, dont
courroux toutes les autre passe.
Sire pour dieu pensez de faire
finer mes iours,& le peché par-
donné vous sera. Le Duc Mataquas d'Albanie faisoit telles cô-
plaintes lesquelles esmouuoyét
tous les barons, & cheualiers à
pleurer tendremét. Lors le prince Risus,& d'Amyan entre leurs
bras l'embrasserent, & contre
mont le porterent iusques en la
presence du Roy qui pas ne le
cogneut tant estoit descoulou-
ré,maigre & tout despourueu de
chair & os. Quant Florimôt vid
son pere il eut de sa mere remé-
brance, si commença tant à ietter souspirs que de parler ne fut
possible,mais dieu qui permet le

tout pour mieux luy fit reuenir
la parolle pour arraisonner celuy qui tant se douloutoit, &
pour respondre à ses interroga-
tions le fit certain qu'il estoit
duc d'Albanie, & autrefois auoit
esté seigneur de ceste terre qui
dans guerre iamais ne fut vn seul
iour. Ensemble qu'il auoit eu vn
noble fils qu'on appella Florimont, & puis se nomma pauure
perdu pour vne dame qu'il ayma
aussi s'esbahissoit que l'admiral
de Cartage ne le faisoit mourir
veu que de luy ne pouuoit auoir
grande rançon. Le Roy luy fist
assez couuerte response disant
que bien auoit cogneu Florimōt
& que tous deux auoyent seruy
en la court au Roy Philippes
quand de sa terre chasserent ses
ennemys. Ensemble qu'il sçauoit
de vray qu'il l'auoit veu naurer
en vn assaut, mais s'il estoit mort
ou vif pour le present riens n'en
sçauoit. Quant le duc entend le
Roy il fut de douleur saisy si
mallemēt que les yeux luy trou-
blerent dedans le chef, comme
celuy qui tendoit à la mort, dōt
Florimont eut si grand frayeur
qu'il pourpensa que plus ne se
celeroit. Adoncques luy dist.
Pere pour Dieu mercy, vostre
fils suis, ie vous affye. Le Duc
pour ses premiers parlers ne respondit aucunement, dequoy
Florimont eut tel dueil qu'il se
print à faire grands plaintifs.

Helas se ie suis cause que mon
pere soit mort, nul homme ne
me doit souffrir. Seigneurs or
pouuez vous sçauoir que ire tiēt
mon cœur en tristesse quant i'ay
perdu celuy qui mieux deuois
aymer. Ha mort tō absence trop
my dure. Prepare toy de me venir naurer, car nul homme vit en
ce monde qui soit plus malheureux que moy. Helas desir de
malle fortune, maintenant que
ie t'ay en mon cœur, prens ma
vie soit au gain ou à perte. Or
pleust à Dieu que i'eusse sem-
blé le matin qui maintesfois dis-
ne de son vomissement. C'est que
la parolle que ie dis à mon pere
pour me vouloir à luy celer
eusse peu remanger deuant qu'il
en eust la cognoissance. Certes
bien ie me dois hayr, puis que
mon pere, & seigneur i'ay mis à
mort d'vn coup de langue. Tandis que Florimont estoit en telle desplaisance le Duc print
quelque peu de vigueur & tant
que bien l'auoit ouy lamenter,
puis ouurit les yeux, si que le
pere eut du fils, & le fils du pere
vraye cognoissance. Et de la
chere ioyeuse qu'ils se firent, l'vn
à l'autre trop seroit long à racompter.

Fin de l'histoire.

Cy fine le Romant du Roy
Florimont, Nouuellement Im-
primé à Rouen,